민주시민교육, 어떻게 할까

민주시민교육, 어떻게 할까

초판 2쇄 발행 2020년 8월 10일 ISBN 978-89-88613-86-3(03370)
글쓴이 함영기 외 펴낸이 현병호 편집 이수진, 장희숙 펴낸곳 도서출판 민들레
출판등록 1998년 8월 28일 제10-1632호 주소 서울시 성북구 동소문로 47-15
전화 02) 322-1603 이메일 mindlebook@gmail.com 홈페이지 www.mindle.org

민들레 선집 2

십대라는 이름의 시민은 어떻게 탄생하는가 ———

편집실 엮음

민주시민교육,
어떻게 할까

시민교육을 실천하며 민주적인 학교문화를 만들어가는 교사들,
교문 밖에서 스스로 시민이 되었다는 청소년들의 이야기를 들어본다.

민들레

시민은 저절로 탄생하지 않습니다

지난 연말, 선거연령 하향 소식을 듣고 몇몇 청소년의 얼굴이 스쳐 지나갔습니다. 몇 년에 걸쳐 집회를 열고 삭발을 하고 성명서를 내며 참정권 운동을 해온 청소년들을 인터뷰하며 그 절박함을 가까이서 느꼈던 터입니다. 한 청소년에게 축하 인사를 전했더니, 좋긴 한데 걱정이랍니다. 반 친구들 중엔 남의 일인 양 시큰둥한 반응이 많다면서, "수능 준비만도 힘든데 또 무슨 필수과목 넣는 거 아냐?" 하는 냉소에 더욱 걱정이 커졌다지요. "공부하기도 바쁜데 언제 뉴스를 보냐"는 것이 오늘을 살아가는 청소년들이 처한 현실입니다.

일찍이 촛불을 들고 광장에 나선 청소년들은 많은 청소년들이 정치로부터 배제되어 있는 현실을 지적하며 제대로 된 시민교육을 요구했으나, 결국 허술한 준비와 무성한 논란 속에 '만 18세 선거권' 시대를 맞이했습니다. 진보교육감 3기를 지나며 공교육에서 민주시민교육이 강조되고 있지만, 양적 팽창만큼 질적으로 성장하진 못한 것 같습니다. 여전히 교육현장에선 시민교육을 사회과 영역으로만 여기는 데다, 방법을 몰라 헤매기도 합니다. 사실, 인성이나 시민성 같은 품성의 영역을 특정 교육과정으로 함양시키겠다는 발상부터 영 어색합니다. 교과를 막론하고 모든 교육이 결국 인성교육, 시민교육 아닐까요?

그동안 많은 청소년들이 정치에서 멀어진 건 그들이 미성숙해서가 아니라 제대로 된 민주시민교육을 경험한 적이 없기 때문일 것입니다. 교육계에선 그동안 '교육의 정치적 중립성' 논리를 내세워 교실에서 '살아 있는 정치'를 배제하고 차단해왔습니다. 일상에서도 자기 생각을 또렷이 밝히는 청소년을 바라보는 어른들의 시선이 곱지 않았지요. '되바라졌다' '당돌하다'에서 '기특하네'로 조금씩 바뀌긴 했지만, 청소년들은 여전히 "우리가 왜 기특해야 하는 존재인지" 되묻습니다. "시민으로 인정을 안 하면서 어떻게 '민주시민'으로 자라기를 바라는가"라는 날카로운 말도 뜨끔하지요.

민주시민교육은 청소년들을 교육의 대상이 아니라 동시대의 주체적인 시민으로 바라볼 때 비로소 가능할 것입니다. 그래야 청소년들도 정치를 '자신의 문제'로 여길 수 있을 테니까요. 세뱃돈을 모으고 중고장터에 물건을 내다 팔아 단체 활동비를 마련하는 한 청소년에게 그렇게까지 하는 이유를 묻자 이렇게 대답했습니다. "내 문제니까요. 평생 헬조선에서 살긴 싫거든요."

청소년들의 노력으로 겨우 얻어낸 만 18세 선거권을 두고 "교실을 정치판으로 만들 셈이냐"는 사회 일각의 비판에 저는 "그렇다"고 답하겠습니다. 인간은 정치적인 존재이고, 함께 살아가는 한 우리 삶에서 정치적이지 않은 것은 없으니까요. 학교는 주체적으로 사유하고, 갈등을 조정하고, 삶의 변화를 꾀하며, 자신과 이웃의 안녕을 살피는 시민을 기르는 정치판이 되어야 합니다.

'시민은 어떻게 탄생하는가'라는 질문을 품고 그간 『민들레』가 주목해온 민주시민교육의 방향과 청소년 시민들의 생생한 목소리를 한데 엮어냅니다. 이 책 속에서 뚜렷하게 드러나는 건 민주시민교육이 '어른들이 만들어 제공하는 교육'은 아니어야 한다는 것, 또한 시민은 저절로 탄생하지는 않는다는 사실입니다.

2020년 2월

장희숙(『민들레』 편집장)

2

민주시민교육

1부
십대라는 이름의 시민

학생들이 스스로
문제를 풀게 하라

왜 학생간 폭력만 학교폭력인가

최근 몇몇 지자체에서 학생인권조례가 제정되고 있다. 서울에서도 학생인권조례 주민발의가 성사되고, 시의회를 통과했다. 나라 안에 학생인권의 바람이 불자, 이에 반대하는 이들은 학생인권조례가 학교폭력을 부른다며 학생인권조례를 사정없이 까대고 있다. 체벌 따위의 징벌을 할 수 없어 교권은 추락하고, 인권조례로 자유를 얻은 일부 날라리 학생들이, 인권조례 같은 거 없이도 행복하게 학교생활을 할 수 있는 선량한 다수의 학생들을 괴

김해솔 _ 청소년인권행동 아수나로에서 '둠코'라는 활동명으로 활동하면서 『오답 승리의 희망』이라는 소식지 발간을 맡았다.

롭히게 된다는 논리다. 보수 언론들은 연일 학교폭력에 대한 기사를 쏟아내어 가해학생들의 악마성을 강조한다.

그런데 뭔가 이상하다. 학교에서 일어나는 모든 폭력이 학교폭력인데, 학생들 간에 일어나는 폭력만 학교폭력이라니. 이렇게 '학교폭력'이란 말을 개념화하다 보면 많은 것이 그 그늘에 가려진다. 학교에서 일어나는 체벌이나 언어폭력, 그리고 과도한 경쟁의 폭력성은 어디론가 사라지고, 학생 간의 폭력이 학교의 폭력적 구조 때문에 일어난다는 사실 역시 얼버무려진다. 그리곤 학생들 사이에서 일어나는 폭력적 상황은 아무 이유도 없이, 극악무도하고 이해할 수 없는 위험한 십대들이 하는 짓으로 비춰진다. 문제해결은 문제를 정확하게 보는 데서 출발한다. 학생들 사이에서 벌어지는 폭력 상황이 문제라면, 학교폭력이란 두루뭉술한 말이 아닌 '학생 간 폭력'이란 표현이 정확하다. 학생 간 폭력 상황에 대해 뜯어보고, 학생인권의 시점에서 해결책을 이야기해 보려 한다.

학생 간 폭력의 원인

학생 간 폭력은 크게 두 가지가 있다. 하나는 학교 어디에나 있는 힘 겨루기에서 비롯되는 것이고, 또 하나는 차별에 의한 폭력이다. 학교 안의 힘 겨루기는 학생들 사이에서 습관처럼 일상적으로 이루어진다. 학기 초가 되면 서로 모르는 이들이 가득한 교실에서 누구나 자신이 왕따가 될 수 있다는 불안감에 시달린다. 다들 잠재적 왕따인 셈이다. 그래서 쉬는 시간, 점심시간에 안면도 모르고 어떤 생각을 가졌는지도 모르는 누군가를 붙잡고 함께 화장실에 가자거나, 같이 점심을 먹자며 친해지기를 시도한다. 학기가 반쯤 지나가면 누구는 누구와 친하고, 내가 소속된 그룹은 어디고, 자신의 위치가 어디인지가 명확해진다. 그 사이 누구와도 친해지지 못하거나, 그런 데 관심이 없는 아이도 있다. 참으로 피곤한 교우관계 유지는 학교에서 일어나는 여러 종류의 경쟁과 맥을 같이 한다. 학교는 학생들 관계도 성적과 마찬가지로 위아래로 나누게 만든다. 외모, 성적, 교우관계, 교사의 신임 정도… 이 밖에도 수많은 사항을 고려해서 거스르면 안 될 사람과 좀더 거만하게 굴어도 되는 사람을 선별하고 자신의 위치를 파악한다. 이 과정에서 스스로 가장 밑바닥에 있지 않으려고 자신보다 아래에 있다고 생각하는 누군가에게 폭력을 휘두른다.

차별에 의한 폭력을 살펴보면 그 사유라는 것들이 세상에서 일어나는 차별을 그대로 받아들인 경우가 많다. 성소수자나 장애인에 대한 차별 따위가 대표적이다. 이런 사회적 소수자들은 차별 대상에서 한 걸음 더 나아가 혐오 대상이 되고, 폭력의 대상이 된다. 이는 그들이 말 그대로 소수자, 그러니까 힘 겨루기 과정에서 상대적으로 힘이 약한 축에 속하기 때문이기도 하다.

학교는 사람을 다양한 기준으로 끊임없이 줄 세우고, 힘이 약한 누군가에게 폭력을 가하는 것을 용인하는 구조로 되어 있다. 타인과 어떤 관계를 맺느냐가 아니라, 자신이 무엇을 가지고 있느냐에 따라 관계가 결정된다. 쉼없이 타인과 자신을 비교해야 하는 스트레스는 그대로 폭력성으로 나타난다. 자신이 다른 누군가보다 가치 있음을, 조금 더 가진 게 많음을 증명하기 위해 폭력이라는 수단을 선택한다. 지금 학교가 학생 간의 폭력으로 얼룩져 있다면 그만큼 스트레스가 많다는 반증이기도 하다.

학교문화를 바꾸는 일

지금까지는 학생 간 폭력 해결을 주로 교사의 역량 중심으로 이야기해왔다. 매를 휘두르든지, 아니면 사랑으로 아이들을 끌어안든지, 교사의 권한을 증대시켜야 한다는 것이다. 최근에는 교사가 해결하기에는 짐이 너무 무거우니 학교 안에 학생 간 폭력 사건을 전담하는 경찰을 두자는 이야기도 나오고 있다. 어느 쪽이든 이 담론들에서 학생은 불쌍한 피해자이거나 혹은 이해할 수 없는 극악무도한 가해자로 그려진다. 자신들을 둘러싼 상황과 구조를 변화시키는 데 학생이 참여할 수 있는 활동은 거의 없다. 지금 언론에서 떠드는 이런 류의 대책은 이미 논의되고 시행됐지만 해결 기미를 보이지 않는다.

학생 간 폭력의 이유가 차별에서 비롯된 거라면, 학교에서 가장 먼저 해야 하는 일은 인권교육이다. 다수의 사람과 다르다고 해서 나쁜 것, 더러운 것, 열등한 것으로 배척해서는 안 된다는 사실을 확실히 알고 체화해야 한다. 소수라는 이유만으로 누군가에게 폭력을 가하는 것을 단호하게 막는 문화를 만들어가야 한다. 단순히 수업시간에 인권교육을 할당한다고 되는 일은 아닐 것이다. 일상 속에서 이런 분별력이 일어나도록 학교 문화를 바꿔나가는 게 진짜 학교가 해야 할 역할이다.

학생들이 학교운영에 참여하고 인권이 보장되는 학교 문화가 일명 '찌질한' 학생들을 대상으로 하는 학생 간 폭력의 답이 될 것이다. 학교 안에서 폭력이 발생하면 권력자인 교사의 처분만 기다리지 말고 학생들 스스로 판단하고 결정할 권리를 가져야 한다. 아이들에게 열쇠가 주어지면 학생 간 폭력을 '징벌'로 마무리하지 않고, 폭력으로 망가진 관계를 회복하기 위해 고민하게 될 것이다. 당연히 학생 간 폭력 때문에 마음이 무거운 교사의 짐도 덜고, 교사 스스로 권위를 세운답시고 아이들의 인권을 무시하는 악순환의 고리도 끊을 수 있다. 학교 안에서 일어나는 일에 대해 윗사람의 처분이나 결정을 기다리는 것이 아니라, 직접 두 팔을 걷어붙이고 해결하는 것이 당연해진다면, 학생 간 폭력이 지금처럼 '난제'로 남아 있는 일은 없지 않을까?

(vol 79, 2012, 1-2)

학생인권조례가 왜 두렵습니까?

'세 번째 부결'

마침 목요일에 야간자율학습이 없었다. 평소보다 훨씬 일찍 마쳤기에, 신나서 농성장에 갔다. 학생인권조례 운동이 막바지를 달리면서 도의회를 압박하기 위해 농성장을 차린 것이다. 인문계 고등학교에 진학하고 나서 조례 운동에 많이 참여하지 못해, 농성장에 가서 조금이라도 보탬이 되고 싶었다.

도의회 앞에 가보니 농성장이 세 군데나 있었다. 반대하는 단체에서 농성장을 차렸다는 소식을 듣긴 했지만 우리 옆에 농성장

권리모 _ 권리모라는 활동명으로 경남에서 청소년 운동을 하고 있다. 학교 내에서 어떻게 하면 인권에 대한 토론을 할 수 있을까 고민하며 살고 있다.

을 두 개나 차리고 큰 트럭까지 동원할 줄은 몰라서 살짝 놀랐다. 제일 눈에 띈 반대쪽 단체명은 '김해동성애대책시민연합'이었다. 그들은 학생인권조례의 모든 내용을 반대하지만 그중에서도 대표적으로 내세우는 내용들이 몇몇 있었다. 차별금지 문항 중 '성 지향성, 성별 정체성'과 '임신한 학생'에 관한 내용 등이었다. 도 의회 울타리를 전부 가리고 있는 기다란 현수막에는 "학생들을 동성애로부터 보호해야 한다"거나, "학생들이 부모와 교사를 고발하는 상황이 말이 되냐"며 조례를 제정하지 말아야 한다는 주 장들이 당당히 적혀 있었다.

조금 무섭긴 했지만 우리 쪽 농성장 바깥에 스티로폼을 깔고 누워서 쉬고 있는 활동가들을 보니 반갑고 안심이 됐다. 우리는 인사를 나누고 싱거운 농담이나 해댔다. 너무 평화로운 시간이었 고, 그랬기에 짧은 시간이었나 보다. 그렇게 평화로운 날, 우리는 예고 없이 찾아온 학생인권조례 '부결 소식'을 마음의 준비도 되 지 않은 채로 맞아야만 했다.

조례 운동을 해오던 활동가들이 갑자기 앞뒤 없이 "부결됐 대!" 하면서 화를 내기에 처음엔 많이 당황스러웠다. 지금 어떤 상황인지 설명도 없었고, 내가 뭐가 부결되었냐고 묻자 "그것도 모르냐"는 식으로 말하는 사람들이 불쾌하기도 했다. 그러나 나 중에 집에 가는 길에 같이 농성장에 있던 사람에게 들으니, 오랫 동안 준비해온 학생인권조례가 부결된 상황을 받아들이기가 힘들었고 그래서 말할 기분이 아니었다고 했다. 그제야 내게 자세히 설명할 겨를이 없었던 사람들의 심정이 좀 이해되었다.

찬반 대립이 극심한 탓에 유독 수난의 역사가 길었던 경남 학생인권조례 제정은 2008년부터 지금까지 세 차례나 실패했다. 우리는 긴 시간 동안 조례 제정을 위해 정말 많은 활동을 해왔다. 학생의 날 기념집회, 3월부터 매주 목요일마다 조례의 필요성을 연설해온 촛불집회, 우리가 냈던 수많은 성명과 기자회견, 많은 시민단체들이 릴레이로 함께해준 도의회 앞 1인 시위, 반대세력의 논리를 어떻게 설득할지, 우리는 왜 조례 운동을 하고 있는지 셀 수 없이 해온 토론과 회의들…. 그 모든 것들이 '부결'이라는 단어 앞에서 와르르 무너진 것이다.

부결 소식을 들은 그날 누군가는 울었고, 큰 소리로 화를 내거나, 참담함에 아무 말도 할 수 없어 멍하니 있기도 했고, 우는 사람들을 다독이며 챙겨주기도 했다. 나는 다 아니었다. 어정쩡하게, 조용히 있기만 했다. 왜 그랬을까? 당황스럽기는 했어도 별로 슬프지는 않았던 내게 학생인권조례는 어떤 의미인 걸까.

집으로 돌아오며 문득 작년의 경험이 떠올랐다. 학생인권조례 TF 팀에서 활동하던 한 청소년이 내게 조례 초안을 보여주었다. 그런데 그 딱딱한 조례안을 읽으며 자꾸 눈물이 났다. '학생이 폭력적인 상황을 겪었을 때 그를 보호해야 한다'는 내용을 읽을 때였다. 그 짧은 몇 문장에 내가 울음을 터트린 이유는 무얼까. 그

문장은 그동안 학교 안에서 내가 당한 수많은 폭력이, 나의 잘못이 아님을 말해주고 있었다. 어떤 때는 짧은 두어 문장이 나의 긴 삶을 대변한다.

학생의 고통을 외면하는 학교

중학생이었을 때, 한 후배가 커터 칼로 내 손목을 그은 적이 있다. 후배는 평소에도 내게 "동맥을 끊어버리고 싶다"고 했으나 웃으면서 장난스럽게 한 말이기에 기분은 나빠도 그냥 넘겨왔다. 그러던 어느 날 한쪽 다리를 깁스하고 있어 느릿느릿 움직이던 내게 그 후배가 다가와 칼을 꺼내며 같은 말을 했다. 화가 나서 "어디 한번 그어보라!"고 도발을 했던 게 상황을 그렇게 만들었다.

교내에서 폭력 등의 사건이 발생하면 '위Wee 클래스'에 가서 상담을 하는 관례에 따라 나는 상담실에 불려갔다. 피해자인 나는 상담 선생님에게 "후배에게 손목 그인 일은 네가 선배로서 처신을 잘못해서 그런 거니 네 잘못이다" "친구들이 앞에서는 널 걱정하는 척해도 뒤에서는 '얼마나 만만하면 후배에게 당하냐'며 욕할 거다"라는 말을 들어야 했다.

물론 선생님 입장에서는 학교 명예를 생각하면 이 일이 수면 위로 올라오는 게 두렵고, 경찰서에 넘어가지 못하도록 막고 싶

었을 것이다. 인성부장 선생님은 날 걱정하는 척하며 좋은 일이
아니니 다른 사람들에게 알리지 말라고 했다. 그 애의 할머니가
어떻고, 언니가 어떻고 하며 그 후배가 얼마나 불쌍한 아이인지
열심히 말해줬다. 경찰에 신고하지 말라는 압박이었다.

　나는 일 년이 넘게 그 일 때문에 자주 울었다. 내가 잘못하지도
않은 일에 대해 모든 게 내 탓이라며 계속 시달렸기에 나중에는
상담 선생님을 보면 눈물이 나오고 숨을 쉬기가 힘들어질 정도였
다. 나는 이 일에 대해 상담 선생님에게 사과를 받고 싶었고, 학교
의 위신 때문에 나를 압박하며 결국 모든 게 내 잘못이라 느끼게
한 학교로부터도 사과를 받고 싶었다. 또, 내가 입은 정신적인 피
해에 대한 보상을 받고 싶었다.

　다른 선생님들에게도 도움을 청해봤고, 상담선생님을 직접 찾
아가 사과 받고 싶다고도 했으나 학교 안에서는 내가 원하는 그
어떤 해결도 이루어지지 않았다. 정신적으로 너무 힘들었던 나는
도움을 받고 싶어 여성긴급전화 1366, 학교폭력신고센터 177, 심
지어는 교육청에까지 전화를 해봤지만, 다들 다른 곳으로 떠넘기
기 바쁠 뿐 나를 도와주려 하거나, 이 일을 해결하려 한다는 느낌
은 받지 못했다. 결국 교육청에서 보내온 답변은 "이 사건은 해당
학교 교장선생님에게 넘어갔습니다"였다. 그 뒤로 교장선생님은
나와 한 번 얘기를 나눠보는 듯하더니, 그 뒤로는 나를 덩그러니
두고 한 번도 찾아오지 않았다. 나는 그 고요가 싫었다. 나의 고통

에 누구도 제대로 응답하지도 않고, 아무 일도 없었다는 듯 입을 닫고 있는 모습이, 그 고요가 끔찍이도 싫었다.

한번은 이런 일도 있었다. 중학교에서 학기말에 연극을 한다며 외부에서 강사를 불러 수업을 했다. 연극 강사는 학생들 앞에서 온갖 이상한 말들을 늘어놓았다. "장애인은 불쌍하니 우리가 도와줘야 한다" "아무리 돈이 궁해도 몸은 팔지 말아라" 등등. 그러다가 결국 어느 날엔 "동성애를 하면 에이즈에 걸린다, 동성애하지 말아라"는 말을 내뱉기에 욱하는 마음에 내가 반박했다. 그러나 성소수자를 혐오하는 친구들이 옆에서 "야, 너 선생님한테 대들지 마"하며 더 이상 말을 하지 못하게 막았다. 여러 가지 반박을 하려 시도해봤지만 소용이 없었고, 수업이 끝나고 소위 '일진'이라 불리는 학생들에게 "여기가 학교가 아니라 길거리였으면 넌 이미 맞았을 거다" 같은 말을 들으며 위협을 당해야 했다. 그 뒤에도 그 아이들의 괴롭힘은 이어졌다. 내게 일부러 비꼬는 식으로 말을 건다든지 다른 친구들이 모두 있는 앞에서 나를 골려 부끄럽게 만들었다. 일종의 '은따'였다. 친구가 말해주기를 학교 안에서 내가 레즈비언이라는 소문이 퍼졌다고 했다.

나는 용기를 내서 경찰서까지 찾아가 나를 괴롭히는 아이들에 대해 얘기를 해봤지만 결국 아무런 해결도 못 본 채 돌아와야 했다. 당장 내일 학교에 가면 어떤 일이 생길지 모르는 게 너무 무서웠다. 길을 가다가 혹시나 "길거리였으면 넌 나한테 맞았어"라고 하던 아이들을 마주칠까 두근대는 가슴을 붙잡고 두리번거리던 내 심정을 이해해주는 사람은 없었다.

생기부 협박

힘겨운 중학교 생활을 지나, 인문계 고등학교에 입학했다. 고등학생의 삶은 중학교 때와는 다른 측면에서 정말 끔찍했다. 아침 7시에 일어나 학교에 가서 밤 9시가 되어서야 집에 올 수 있었다. 선생님들은 걸핏하면 생기부(생활기록부)로 협박을 했다. "너, 나한테 찍혔다" "니들 자는 거 전부 기록해뒀다가 생기부에 적는다" 등등. 심지어 수업시간 끝나고 야자 시간에 휴대폰을 사용하는 것까지 적발해서 생기부에 적겠다고 했다. 나의 삶이 1초 단위로 감시받고 통제받는 기분이었다. 벽돌을 끼워 맞추는 테트리스처럼, 나와 내 친구들의 삶은 그렇게 선생님들이 원하는 대로 끼워 맞춰져야만 했다.

생기부 협박뿐만이 아니었다. 머리끝부터 발끝까지 감시와 통제를 늦추지 않았다. 머리를 염색하진 않았는지, 파마를 하진 않았는지, 치마를 줄여 입진 않았는지, 화장을 하진 않았는지, 피어싱을 끼진 않았는지 검사했다. 화장품이 보이면 압수했고, 수업시간에 화장을 한다고 친구의 뒤통수를 손바닥으로 강하게 내리쳤다. 야자시간에 잔다고 등짝을 얻어맞는 건 예사고, "요즘 학생인권, 학생인권 하는데, 너희들 자는 거 다 교권 침해고, 다른 학생들 학습권 침해다"라는 말을 흔히 했다.

또 선생님들은 일상적으로 우리에게 자신의 고정관념을 표출했다. 물리 선생님은 수업 시간 두 번 중 한 번 꼴로 "남자애들은 이해를 잘해서 물리나 지구과학을 좋아하는데, 여자애들은 달달 외우는 걸 좋아해서 화학, 생물 쪽을 공부한다"라는 근거 없는 말을 반복했다. 나는 물리를 좋아했고 더 잘하고 싶었지만 그 선생님의 말을 들을 때마다 의욕이 떨어지고 내 존재가 지워지는 느낌을 받았다.

중학교 때는 내가 아무리 싸워도 바뀌지 않는 상황에 무력감을 느꼈다면, 고등학교에 와서는 대학에 가고 싶어 선생님들 눈치를 보며 어떤 상황에서든 수긍하고 일단 사과하며 수그리는 내 모습에 참담함을 느꼈다. 예전의 용기 있던 나는 온 데 간 데 없고 생기부 때문에 선생님들 눈치를 보는 나만 남았다. 결국 폭력적인 학교 안에서 내가 느낀 감정은 모든 걸 압도하는 무력감이었다. 그리고 그 무력감이 나를 청소년 운동으로 이끌었다.

내가 악착같이 버티는 이유

'청소년 운동'이라는 말이 내겐 굉장히 생소했지만 아무것도 안 하는 사람으로 남고 싶지 않았다. 무언가 행동하며 바꾸고 싶

25

었다. 그날 내가 혼자서 발악하듯 싸우면서도 끝내 바꾸지 못한 것을 바꾸고 싶었다. 선생님에게 버릇없이 군 걸 사과하라는 강요에 잘못이 없다고 생각하면서 결국 사과할 수밖에 없었던 일, 내게 상처를 준 선생님과 계속 마주치면서도 보호받지 못했던 일, 내가 딴 데서 학교 욕을 했다고 혼난 일, 체벌 당하는 친구를 보면서도 아무것도 하지 못한 일 등등.

'학생이 폭력적인 상황을 겪었을 때 그를 보호해야 한다'는 학생인권조례안을 보면서 학교 안에서 피해자로 있었던 나의 그 시간들이 내 잘못이 아님을 말해주는 느낌이 들었다. 아직도 내 안에 남아 있던 찐득한 과거의 곰팡이가 비로소 사라지는 느낌을 받았다. 비록 그 당시에 제정되지는 못했지만 조례 초안을 보며 울었던 기억은 내게 조례 운동을 계속하는 힘이 되어주었다.

그래, 학생인권조례는 내게 그런 의미다. 모두가 알고 있지만 두려워 모른 척하는 이야기들에 귀를 기울이는 것, 학교가 생긴 이래 수많은 학생들이 겪고 있는 인권 문제, 사람들이 외면하고 있는 문제를 확인시켜주는 것.

나는 많은 사람들과 교사들이 말하는 '민주시민교육'이 진정으로 이뤄지려면 먼저 학생들을 민주시민으로 인정해야 한다고 생각한다. 민주시민으로 인정한다는 말의 의미는 '학생들을 한 존재로서 존중하고 나이가 어떻든 자신과 동등한 존재로 대우해야 한다'는 말이다. 대충 '인권'이라는 피상적인 개념을 훑고 지

26

나가는 게 아니라, 무엇이 인권이고 인권 침해인지 학생들 스스로가 고민하면서 토론하고 실천으로 변화를 꾀해볼 수 있는 교육을 해야 한다.

사회적으로는 통상 성 차별, 장애인 차별이 인권 침해라고 하면서 학교 내에서는 '동성애를 금지하는 것'이 학생들을 보호하는 길이라는 논리가 가당키나 한가. 학생을 보호한다는 명목으로 학생들의 인권을 얼마나 침해하고 있는지 그 모순된 모습을 먼저 봐야 할 것이다.

묻고 싶다. 의원들은 무엇이 두려워 학생인권조례 제정을 반대하는지. 학생인권조례는 교육상임위 찬성표가 과반을 넘어야 본회의로 올릴 수 있는데, 지난 5월 15일에는 반대 6표 찬성 3표로 부결됐다. 교육상임위에서 부결되는 경우는 드물다고 들었기에 더더욱 누구도 예상하지 못한 일이었다.

학생인권조례를 반대하는 사람들에게 내가 겪은 학교의 부당함을, 학생인권조례 제정의 필요성을 다시 한 번 알리고 싶다. 청소년들은 더 이상 학교에서의 불안정한 삶을 견딜 수 없다. 내가 당하는 폭력의 부당함을 확인시켜주는 안전망이 있을 때 비로소 나는 존엄성을 가진 존재로서 살 수 있다. 나는 존재하는 사람이고 싶다. 지치더라도 내가 악착같이 버티며 학생인권조례 운동을 계속하는 이유다.

(vol 123, 2019, 5-6)

대한민국 십대, 시민으로 살다

수능, 무얼 평가할 수 있을까

　11월 17일, 내 인생 처음이자 마지막인 수능을 보았다.(단정지을 수는 없지만 다시는 느끼고 싶지 않은 감정이었기에 마지막이라 하겠다.) 창가 맨 뒷자리, 같은 교실에 배정된 친구들이 시험을 치르는 모습이 한눈에 들어왔다. 홀수 번호 친구는 수시 합격생인 듯하다. 창밖을 내다보며 멍을 때리고 있다. 짝수 번호 친구는 정시인가 보다. 내가 이렇게나 빤히 쳐다보고 있는데 눈길 한번 안 주는 걸 보니 말이다.

이새해 _ 이 글은 푸른꿈고등학교 졸업을 앞두고 있을 때 썼다. 지금은 대학에서 신문방송학을 전공하고 있다.

제도권 교육과 멀어진 지 오래라 이런 광경이 조금은 낯설기도, 당황스럽기도 하다. 초콜릿과 따뜻한 음료수, 열렬한 응원을 받으며 수험장까지 들어왔는데 내겐 생각보다 별거 아니었다. 누군가에게는 목숨을 걸 수밖에 없는 시험이 고작 이런 거라니, 허무하다. 하루도 채 안 되는 시간에 한 사람의 오랜 배움과 노력을 어떻게 평가한다는 말인가?

그동안 나에게 '배움'이란, 주어진 시간을 소중하게 여기며 다양한 관점을 가지고 새로운 질문들을 만들어내는 것이었다. 그 속에서 나만의 답을 찾아 토론하고 되돌아보며 사색하는 것이 삶에 대한 공부이자 진리라고 생각해왔다. 국정 교과서를 만들어내는 대한민국의 주입식 교육은 내가 생각하는 배움의 과정과는 맞지 않았다.

"목숨까지 내놓고 정의를 외치지는 마!"

나는 이미 교과서 너머의 세상에서 삶을 배우고 있었다. 엄마는 자주 말했다. "세상의 수많은 사람들은 몇몇 사람들에게 착취당하며 살아간단다. 그래서 우리는 연대하며 사회적 약자로서의 요구를 함께 외쳐야 해."

2015년 11월 14일, 나는 친구들과 "세월호 인양과 특별조사위원회 활동기간 연장!"을 외치며 민중총궐기에 참가했다. 그해 4

월, 학교에서 세월호 참사 유가족인 단원고 미지 언니 부모님을 모시고『금요일엔 돌아오렴』북콘서트를 진행한 것이 계기가 되었다. 미지 언니가 대안중학교를 졸업해서 그런지 부모님은 우리를 더욱 딸, 아들처럼 대해주셨다. 같은 반 친구들과 작은 오케스트라를 만들어 '천개의 바람이 되어'를 연주하고, 자유발언과 소박한 편지를 통해 우리의 마음을 전달하기도 했다. 짧지만 깊은 만남 후, 세월호 유가족들과 안부를 묻고 집회에 나갈 때면 먼저 연락을 드리며 인연을 이어가게 되었다. 다른 유가족들도 우리를 자식처럼 가까이 대해주셨고, 자세히 알지 못하던 이야기를 직접 들으며 우리는 더욱 분노하게 되었다.

가족들이 말하는 세월호의 진실은 언론에서 비춰지는 것들과는 너무나 달랐다. 작년 겨울 우리가 팽목항을 찾았을 때, 흔들리는 노란리본과 미수습자 가족들만이 자리를 지키고 있었다. "2년이 넘어가도록, 팽목항에서 이렇게 기다리는 것밖에 할 수 있는 게 없어." 난 아무 대답도 할 수 없었다. 광장에서 "세월호 안에 아직 사람이 있어요!"를 수없이 외치던 나였지만, 미수습자 가족들이 겪고 있는 이런 아픔에 대해서는 미처 생각해보지 못했다. 시민단체나 언론도 유가족에게만 중심을 두었지 미수습자 가족들의 현실을 깊이 다루고 있지는 않은 것 같았다. 미수습자 가족의 그 말씀에서 절박함이 느껴졌다.

이 안타까움이 행동으로 이어져 우리는 민중총궐기에 참가하기로 했다. 그곳에는 경찰이 폴리스 라인을 치고, 캡사이신과 물대포로 시민들의 집회를 단속하고 있었다. 그러나 경찰의 차벽 앞에서 행진을 멈출 수는 없었다. 사람들이 차벽 가까이로 오자 경찰은 거센 물대포를 발사했고, 겁이 나는지 아무도 나서지 않던 그 자리로 가서 친구들과 나는 경찰버스에 묶인 밧줄을 당겼다. 주변의 몇몇 학생들이 우리와 함께했고, 힘을 모으자 미동도 없던 차벽이 조금씩 흔들리기 시작했다. 그 순간 경찰들은 우리를 조준해 물대포를 쏘아대기 시작했다. 그런데 우리보다 조금 앞에서 온몸으로 더 거센 물대포를 맞고 있는 사람이 있었다. 바로 백남기 농민이셨다. 할아버지가 쓰러지신 건, 정말 한순간이었다. 아무도 예상할 수 없었다. 그때서야 겁이 나고 무서웠다. 물러나 있던 어른들이 나섰다. 구급차가 왔고 백남기 할아버지가 실려 간 후에도 여전히 경찰들은 시민에게 최루액 섞인 물대포를 쏘아댔다.

기숙사 생활을 하느라 오랜만에 집에 온 나, 할머니를 뵈러 엄마와 차를 타고 가던 중 민중총궐기 이야기를 꺼냈다. 엄마는 운전을 하며 가만히 내 이야기를 듣고 있었다. 얘기가 끝날 때쯤 엄마는 버럭 화를 내며 말했다.

"네 목숨까지 내놓고 앞장서서 정의를 외치지는 마!"

"왜?"

"엄마가 살고 있는 사회니까 엄마가 집회 나갈게. 넌 가지 마!"

"엄마, 내가 앞으로 살아갈 사회이기도 해!"

그동안 내게 "정의로운 사람으로, 위대한 평민으로 살아라" 했던 엄마는 그 순간만큼은 너무나 비겁했고 모순적이었다. 내가 본 엄마는 적어도 이 나라를 '비난'이 아닌 '비판'할 줄 아는 사람이었고, 어떤 상황에서든 정의를 요구하는 사람이었다. 엄마는 2008년 미국산 소고기 수입을 반대하며 촛불집회에 나가고 현수막을 내걸었으며, 밀양 할머니들과 함께 송전탑 반대를 외쳤고, 영덕 주민들과 탈핵을 외쳤다. 집에서 엄마는 아빠에게 여성으로서 불평등한 대우를 비판했고 가사노동의 평등을 요구했으며, 학부모로서 학력평가와 주입식 교육방식을 반대했다. 그런 엄마가 끝까지 나에게 한 말은 "너, 한 번만 더 광화문에 나가면 엄마가 잡으러 간다!"였다.

광장은 폭력이 난무하고, 위험한 장소이긴 했다. "만약 백남기 농민이 아닌 내가 쓰러졌더라면, 더 많은 언론들이 청소년인 나를 이슈로 만들고 많은 시민들이 촛불 들고 저항할 수밖에 없었던 이유를 밝혀주지 않을까?" 이런 내 말이 엄마를 더 화나게 했다는 것도 안다. 하지만 난 진심이었다. 엄마가 내 생각에 동조해주길 바란 건 아니지만, 조금 위험했더라도 내 생각과 행동이 엄마가 말했던 '진실을 밝히기 위한' 정의로운 행동이었다고 응원해주기를 기대했다. 나를 걱정하는 엄마 마음이 이해되면서도 화가 났다.

그래도 엄마의 말은 잠시 뒤로 했다. 나는 유학을 갈 것도, 이민을 갈 것도 아니다. 이 나라에서 내 삶과 꿈을 펼쳐나갈 것이다. 나의 권리는 내가 목소리 내서 지키며 살아가야 한다고 생각했기에 다시 광장으로 나설 수밖에 없었다. 전보다 더 많은 불편한 진실과 왜곡된 역사가 나를 광장에 서게 했고, 수많은 사람들이 촛불을 들게 했다.

어느샌가 굳이 "엄마, 서울 다녀올게"라는 말을 하지 않고 집회에 나갔다. '말해 봤자, 엄만 화부터 내겠지. 아니면 날 잡으러 집회에 오든지!' 엄마 몰래 나온 집회에서 여러 사람들과 이야기하고 생각을 나누면서 나는 '정의로운 사회'를 바라보는 시선이 조금씩 확장되고 있다는 것을 느꼈다.

혼자가 아닌 함께이기에

내 행동을 두고 손가락질 하는 사람들이 나를 더욱 이상한 아이로 만들었지만 유일하게, 내가 다니고 있는 학교는 달랐다. 하고 싶은 일을 할 수 있도록 다양한 시간들을 허용했다. 다름을 인정하고 존중해주었다. 그 배움은 그 시간 속에서만 얻을 수 있었다. 질문에 또 다른 질문을 던져주었고, 새로운 관점으로 바라볼 수 있게 했다.

학교에서는 내가 '이 사회의 주인이라고 생각하는 활동'을 마음껏 할 수 있었다. 학기 초 일본군 위안부 문제를 다룬 영화 〈귀향〉을 보고 나서 한일 졸속 협상을 알리는 대자보를 써서 붙이고, 친구들과 국정 역사교과서에 반대하는 플래시몹을 준비해 서울 안국동 사거리에 서기도 했다.

학교에서 아침마다 한 편의 사설이나 칼럼을 읽는 활동을 하는데, 최근에는 '문화예술인 블랙리스트'에 대해 이야기를 나누었다. 학교에 여러 작품을 기부해주시고 강연을 하셨던 이하 작가도 블랙리스트에 올라 있었기에 더욱 관심이 갔다. 우리는 블랙리스트를 작성하는 한국사회와 밥 딜런의 노벨문학상에 대해 공부했다. 밥 딜런의 노랫말에서 민주주의를 찾아내고, 우리 삶을 돌아보았다. 날마다 조금씩 글을 읽고 '민주사회'에 대해 자연스럽게 토론하는 문화 속에서 나는 조금씩 '아는 것을 행동으로 옮기는 사람'으로 변해간 것 같다.

사실, 혼자여서 무서웠던 날도 있다. 10억 엔으로 '일본군 위안부' 할머님들의 아픔을 덮으려고 했던 한일 졸속 협상에 반대해 추운 겨울, 포항시청과 시외버스터미널 앞에서 피켓을 들고 1인시위를 했다. 경상도의 보수적인 시선에 사실은 겁을 좀 먹고, 피켓 뒤에 얼굴을 숨기고 서 있었다. 어떤 아저씨는 "학생이 그런 거 하는 거 아니야"라며 집에 가라고 손짓했고, "저게 뭐야?" 묻는 아이에게 "저런 거 보지 마, 빨리 가자"라고 손을 잡아당기는 엄마도 있었다. 하지만 춥다며 핫팩을 쥐어주시고, 따뜻한 음료를 전하며 격려해주는 시민들도 있었다. 세상이 다 그런 건 아니구나, 피켓 뒤로 숨겼던 얼굴을 용기내어 드러내고 한 사람이라도 더 알아주길 바라며 일인시위를 이어나갈 수 있었다.

내가 진실이라고 믿는 것들이 이 세상에서 진실이 될 수 있을지는 잘 모르겠다. 그러나 내가 진실이라고 믿는 것들을 끝까지 지키고 밝혀내고 싶다. 이제 나는 더 당당하게 엄마에게 이야기한다. "엄마는 엄마의 세상을 살아. 나는 내가 살아가고 싶은 세상을 만들게." 엄마와 내가 살고 싶은 세상은 비슷하지만 조금씩 다르기도 하다. 나는 청소년으로서 경쟁 입시 폐지와 대학등록금 무료, 아르바이트 최저시급 인상을 요구하고, 엄마는 노동자로서 임금 피크제, 비정규직 철폐, 성과퇴출제 폐지를 요구한다. 사드 배치 철회, 한일 군사정보협정 폐기, 원전 중단, 한반도 평화 같은 사안들은 엄마와 내가 한목소리로 외치기도 한다.

처음엔 걱정만 하던 엄마도 조금씩 내 생각을 존중해주었다. 이런 딸을 이해하려는 긴 고민의 과정을 거친 것 같다. 내가 뉴스를 보며 "저건 이렇게 하면 되잖아"라고 이야기하면 엄만 "그럼 이렇게 차별 받는 사람들이 또 다시 생기지 않을까?"라는 질문을 던지며 새로운 관점을 알려준다. 얼마 전엔 엄마와 같이 조지 오웰의 『동물농장』을 읽고, 한국의 언론 구조, 빈부격차에 접목시켜 함께 비교하고 비판하기도 했다. 엄마와 소통하는 시간이 많아지면서 서로의 생각을 존중하고 때론 비판하며 각자 다른, 그러나 같은 길을 함께 걷고 있다는 생각이 든다.

어릴 적엔 아무것도 모르고 엄마를 따라 집회에 나갔다. 멋모르고 따라 부르던 민중가요는 내겐 그저 동요였고, 광장은 놀이터 같은 곳이었다. 지금의 서울시청 광장과 광화문은 내게 옛날과 다른 공간이 되었다. 놀이터 같던 그 자리는 이제 나를 자연스럽게 되돌아볼 수 있는 곳이 되었다. 정의를 실현하겠다고 약속하며 광장에 설 때면, 다시금 마음을 다잡게 된다.

나의 꿈은 '진실을 말할 수 있는 사람'이다. 사람들에게 "진실이 침묵되는 사회에서 진실을 말하고 싶은 이새해입니다"라고 나를 소개하곤 한다.

한때 겁쟁이였던 나는 민주시민의 길로 한 발짝 나아가고 있다. 내년이면 대학생이라는 푯말을 달고 어떤 삶을 살아가고 있을지 모르겠다. '책임'이라는 말이 얼마나 무서운 건지, 아직 몸소 느끼지는 못하지만 내가 살아갈 세상을 내 목소리로 만들어가야 한다는 사실 하나는 분명히 알고 있다. 때론 좌절도 하겠지만 내가 보고 느낀 연대의 힘으로 또 한 걸음 내딛을 것이다. 언젠가는 내가 원했던 세상이 한 발짝 앞에 있지 않을까.

(vol 108, 2016, 11-12)

'정치에 물든' 청소년,
잘 살고 있습니다

답을 얻기 어려운 종류의 고민

오래 전에 한 8년 정도 청소년운동을 같이 했던 어떤 친구와 나는 의견이 잘 안 맞는 부분이 하나 있다. 그 친구는 청소년 활동가들이 청소년운동과 직접 관련이 없더라도 사회과학이나 철학 등 책을 많이 읽어야 역량이 길러진다고 생각하고, 공부모임이나 세미나를 한다면 그런 내용을 다뤄야 한다고 주장한다. 반면 나는 청소년활동가들이 책을 많이 읽는 것은 물론 좋은 일이

공현_ 2005년부터 청소년인권운동을 시작하여, 청소년인권행동 아수나로, 대학입시거부로 삶을 바꾸는 투명가방끈, 청소년인권운동연대 지음 등에서 활동해왔다. 『유예된 존재들 - 청소년 인권의 도전』을 썼고, 『인권, 교문을 넘다』 등에 공저자로 참여했다.

지만, 교양 독서 자체는 활동가로서의 역량과 직접적인 관련은 적으니 만약 공부를 하려 한다면 과거의 청소년운동에 관한 자료들을 같이 보는 것이 낫다고 주장한다. 그리고 또 무엇보다도 직접 실천하고 몸으로 부딪히면서 익히게 되는 것이 더 많다고 생각한다.

내 견해의 근거는 '나 자신의 경험'이다. 여러 가지 책을 읽으며 보냈던 십대의 다른 시간들보다도 청소년운동을 본격적으로 시작했던 열여덟 살, 그 일 년 동안 스스로 더 많이 변했고, 성장했다고 느끼기 때문이다. 이런 이야기를 하면 그 친구는 "네가 그 전에 읽어온 책들이 다 밑바탕이 되었으니까 그런 거다"라고 반박을 하지만. 어느 쪽이 옳은 것일까? 답이 나오기 어려운 종류의 의견 대립임은 분명하다.

내 청소년운동의 역사

청소년운동을 시작하기 전까지, 나는 좀 특이한 사람이었다. 나를 표현할 수 있는 말들을 몇 가지 열거하자면 이러했다. 만화 동아리 오타쿠, 시를 쓰는 문학소년, 블로거. 흔히들 말하는 '나만의 세계'를 구축하고 사는 것이 삶의 방식이었고, 느긋하면서도 불안하고 권태로운 삶이었다. 그러던 삶이 바깥의 타자와 만나 교류하고, 정보를 수집하고 생산하고, 분주하게 움직이는 생활방

식으로 바뀌게 된 것은 아주 금방이었다. 청소년운동을 시작하고 단 몇 개월 만에 삶의 패턴도, 방식도 바뀌었던 것이다.

일단 겉으로 드러나는 변화는 걸음걸이였다. 그 전의 나는 걸음이 아주 심하게 느리기로 전교에서 유명했는데, 걸으면서 속으로 여러 가지 생각을 하기 위해 의도적으로 선택한 습관이었다. 그러나 청소년운동을 시작한 뒤, 나는 순식간에 빠르게 종종거리며 돌아다니는 사람이 되었다. 또 다른 예를 들면, 일 년 전만 해도 성격유형 검사에서 무계획적이고 즉흥적인 성격유형 점수가 압도적으로 높게 나왔는데, 청소년운동을 한 지 일 년 만에 계획적이고 신중한 성격유형의 점수가 거의 동률로 나오는 식으로 바뀌었다. 또, 나는 굉장히 낯을 많이 가리던 성격이었고 지금도 처음 말을 붙이거나 전화를 거는 걸 어색해하는 것은 여전하지만, 길거리에서 모르는 사람에게 전단지를 나눠주고 서명도 받아낼 수 있을 만큼 얼굴이 두꺼워지기는 했다. 사교성도 필요한 만큼은 길러진 것 같다.

청소년활동가로서 나의 변화와 성장은 꽤 알기 쉽게 단계적으로 진행되었다. 처음에는 내 일상 속의 여러 문제들을 청소년인권이나 다른 비판적인 준거들을 가지고 검토하는 일부터 시작했다. 그러면서 부딪히는 여러 가지 각론의 문제들에 대해 내 나름대로 입장을 정리하는 것이 초기에 주로 했던 일이었다. 그 이후에는 청소년운동에 대해 총론적인 입장, 말하자면 일종의 사상을 학습하는 단계였다. 초기에는 주로 다른 사람들이 과거에 구성해 놓은 청소년운동에 대한 이야기나 이론들을 모방하고 소화해서 재가공하는 식으로 공부를 했다. 주로 '진보적 청소년운동'이나 '청소년인권·아동인권' 같은 개념들을 붙잡고 씨름하던 시기였다. 그리고 몇 년에 걸쳐서 청소년운동에 대해 많은 것을 경험한 뒤에는, 예전에 모방했던 것들을 벗어나서 새로운 청소년운동의 이론과 주장을 정리해내기 위해 애를 쓰고 있다.

이 모든 작업들은 누가 시켜서, 어떤 과제로 한 것이 아니었다. 활동하는 단체에서 계획한 사업조차 아니었다. 대부분은 여가시간에 내가 스스로 자료를 찾고 공부하고 글을 정리하며 한 것들이다. 단지 내 경험과 생각들을 발전시키고 정리하고 공유하기 위해서 말이다. 그래서 지금도 나는 이렇게 믿고 있다. 어떤 일에 대한 애정과 의욕 그리고 경험이야말로 사람에게 중요한 교육적인 기회가 되어준다고, 사람이 바뀌기 위해서 가장 좋은 길은 직접 무언가를 경험하고 몸으로 부딪혀보는 일이라고 말이다.

특히 많은 사람들과 부대끼면서 자발적으로 목표한 바를 이루기 위해 공동으로 활동을 하고 결정하고 책임을 지는 정치적 활동들은 가장 교육적이며 사람을 많이 변화시키는 일 중에 하나일 것이다. 나 역시 십대 때의 다른 어떤 시간들보다도, 청소년운동을 했던 단 일 년 남짓한 시간이 나의 삶을 결정지은 가장 중요한 순간들이었다.

주변에서 만난 청소년들

나처럼, 청소년운동을 통해 삶이 바뀐 이들이 있다. 2006년 자꾸 욕설을 하는 영어 선생님이 싫어서 인터넷에서 선생님에게 복수할 방법을 검색하다가 청소년운동을 시작하게 된 이 청소년을 처음 온라인에서 만났을 때가 잊히지 않는다. 그때가 그러니까, 대략 2백 명 정도가 모인 두발자유 거리시위를 한 직후였다. 그 청소년은 "겨우 2백 명이 모였는데 되겠어요? 두발자유 하는 데 수십 년을 기다리라구요?"라고 하길래 '아, 활동을 안 하려나보다' 생각했는데 어쩐 일인지 그 뒤에도 계속 활동에 참여하더니 이제 꽤 연륜이 쌓인 활동가가 되었다. 지금도 종종 그때 이야기를 나누며 서로 웃곤 한다. 그 청소년은 홈에버 비정규직 노동자들의 투쟁에 연대하는 〈비정규직 저주를 풀기 위한 청소년 119 선언〉을 나서서 제안하고 추진했다. 2011년에는 자기와 동년배의 청소년들과 이십대들을 모아서 '투명가방끈' 운동을 만들고 대학입시와 대학을 거부한다는 선언을 발표하는 활동도 했다. 이제 이십대가 된 그가 요새 꽂혀 있는 것은 탈가정 청소년들의 네트워크를 만들어서 조직화하는 일이다. 오히려 먹고살 만큼 돈버는 일은 쉬운데 운동하는 것이 세상에서 제일 어려운 일 같다면서, 제도와 국회의원 그런 것에 의존하지 않고 아래에서부터 사회변화를 꾀하는 게 중요한 것 같다고 이야기하곤 한다.

일제고사 반대 운동으로 청소년운동에 처음 참여하기 시작한 청소년도 있다. 중학교 때 처음 활동을 시작했던 이 청소년은 고등학교에 진학했다가 너무나 반인권적이고 폭력적이라서 학교를 자퇴했다. 그 뒤, 계속 그 학교에 다니던 친구가 너무나 심하게 체벌을 하는 한 교사의 문제 때문에 찾아오자, 그 일에 직접 나서서 이제 자기는 다니지 않는 학교를 바꾸는 일에 일조했다. 그는 한동안은 청소년 참정권 운동을 하다가 이후에는 정당에서 활동한다며 청소년운동을 그만두었다. 동료들로서는 씁쓸한 일이고 그만두는 과정도 안 좋았지만, 자기 나름대로는 진로를 찾아가는 걸지도 모르겠다.

대안학교를 다니다가 학생인권 운동에 참여하고 그러면서 자신의 삶과 진로에 대해서도 다시 고민을 해보게 된 한 청소년은 학생인권조례제정 운동에 참여하면서 제도권 학교가 그렇게 권위주의적이고 폭력적인 것을 보고, 입시 위주의 무한경쟁교육이 바뀌어야 한다는 생각을 했다. 예전에 자신은 대학입시 같은 문제로부터 한 발 떨어져 있다고 생각했지만, 한국 사회에 사는 이상 대학입시나 학벌주의 문제와 무관하게 살 수 없다고 생각하고 '대학입시거부선언'에 동참했다. 그 청소년이 거부 선언을 하면서 쓴 글을 보면, 졸업을 한 뒤에도 인권운동을 하는 활동가로 살아갈 생각이고 '시간이 흐르고 흰머리가 생기기 시작하면' 귀농을 할 생각이라고 이야기하고 있다. 학생인권조례 제정 등에 참여해서 거리에서 캠페인을 하고 서명을 받고 사람들을 만나고 발로 뛰어다닌 경험은 그에게도 역시 많은 삶의 변화를 가져왔을 것이다.

이렇게 계속 청소년운동을 하고 있는 사람들도 있지만, 그렇지 않은 사람들은 더 많다. 이곳을 거쳐간 사람들 중에는 대학에 가서 로스쿨에 들어가려고 공부를 하는 사람도 있고, 일을 하면서 자신의 직장에서 동료들의 노동권에 대해 고민하고 있는 사람도 있다. 고3 때 '수능거부선언'을 한 뒤 지금은 인문학 교육단체에서 일하는 사람도 있다. 자기 지역에서 '학벌없는사회' 모임을 만들어서 지역 교육운동으로 자리 잡게 한 활동가도 있다. 그리고 정당이나 노조에 참여하고 있는 청소년도 있다. 대부분은 '영어 선생님이 싫어서' 같은 어떤 작은 이유와 사건들로 청소년운동에 참여했다가 많은 변화들을 함께 경험한 사람들이다.

나를 키운 팔 할은 청소년운동

교육에서 청소년들이 정치적 활동을 하는 것을 보장해야 한다고 말하면 기겁하는 사람들이 있다. '교육의 정치적 중립성'을 들먹이기도 하고, 청소년들은 비정치적인, 순수한 존재가 되어야 한다고 말하기도 한다. 최근 중·고등학생들이 학교에서 대자보를 붙였을 때, 한 교육청 관계자는 언론에다 '학생도 정치적 중립

의무가 있다'는 이상한 소리를 하며 대자보를 떼어내기도 했다. 그 사람들 시각에서 보면 이렇게 청소년 때부터 아주 '정치적인' 운동을 한 청소년들은 불량하고 불온한 청소년들일 것이다.

그러나 이 논란을 명확하게 해주는 질문들이 있다. 학생도 시민인데 정치를 금지할 수 있는가? 정치를 금지당한 채로 정말 학생들이 민주주의를 익힐 수 있는가? 정치 없이 민주주의가 가능한가? '비정치성'이란 학생들의 입을 다물게 하고 학교가 정해주는 대로만 따르게 만드는 것은 아닌가? 청소년들은, 모든 사람들은 자신의 의지와 열정에 의해 생각하고 행동하고 공부하고 경험하면서 배울 수 있는 가능성이 있다. 그런 가능성을 부정하고 다른 누군가가 가르쳐줘야만 한다고 믿는 사람들만이 학생들의 정치를 금지해야 할 일이라고 이야기한다. 그러나 자신의 삶과 교육과 우리 사회에 대해서 생각하고 참여하고 행동하는 것을 통해 청소년들은 많은 것을 익히게 된다. 청소년 때부터 운동에 참여한 사람들은 누군가의 걱정처럼 부화뇌동하는 어리석은 사람이 되는 것이 아니라, 자기 삶과 남들의 삶과 이 사회에 대해 고민하고 실천하려고 하는 사람이 되어 있는 경우가 더 많다.

물론 나는 운동에 참여하라고 막 '전도'할 생각은 없다. 청소년은 정치에 참여하지 않는 것이 하나의 '정답'이 아니듯, 꼭 어떤 운동에 참여해야 하는 것이 '정답'도 아닐 것이다. 운동을 함께하면 초고속으로 사회성도 발달하고 많은 것들을 경험할 수 있을 것이라고 개인의 성장 측면에서 추천은 해줄 테지만 말이다.(많은 풍파를 겪다 보니 그 부작용으로 좀 겉늙어 보이게 외모가 삭아버린다는 비판도 있다.)

누구에게나 자신의 삶에 관련된 문제에 대해서는 의견을 표현하고 참여할 수 있는 기회가 보장되어야 한다. 청소년들에게도 공공의 문제에 대해 생각하고 대화하고 같이 책임질 수 있는 기회가 더 많아지면 좋겠다. 성숙은 나이에 비례하는 것이 아니다. '성숙한 사람'만이 정치에 참여할 수 있다는 것도 일종의 편견이다. 이것이 나 자신의 삶과 다른 많은 청소년활동가들의 모습을 보면서 내가 내린 잠정적 결론이다.

청소년운동을 거쳐간, 그리고 아마도 청소년운동이 삶에 큰 영향을 끼쳤을 많은 사람들을 생각해보면 누가 누구의 삶을 바꾸고 가르치고 한 것이 아니라, 그들이 스스로 자발적으로 참여하고 경험하면서 자신의 삶을 바꾼 것이다. 내가 그러했던 것처럼 말이다. 나를 키운 것은 팔 할이 청소년운동이었다. 다른 누구도 아니라 나 자신이 같이 만들어온.

(vol 91, 2014. 1-2)

"십대이기 때문에
할 수 있는 게 있어요."

우연한 만남이었다. 지나는 이들에게 세월호 관련 서명을 받는 광화문 농성장엔 주로 어른들이 서 있다. 그 사이 앳된 얼굴이 도드라져 이야기를 나누게 됐다. 한국 사회가 안고 있는 여러 문제에 관심을 갖고 함께하는 청소년 모임 '사람숲' 대표를 맡고 있다는 박상헌(17세) 님과 시작한 사적인 대화는 직업병처럼 녹음기를 들이밀며 예기치 않게 인터뷰로 이어졌다. _장희숙(민들레 편집장)

"안되겠다 싶어서 중학생들이 모였죠."

장희숙(이하 장)　어떻게 이런 모임을 어떻게 만들게 됐나요?

박상헌(이하 박)　작년에 세월호 1주기 집회가 있었잖아요. 집에서 집회를 뉴스로 봤어요. 깜짝 놀랐어요. '경찰이 이렇게 강경하게 진압하다니. 야, 이건 안되겠다' 싶었죠. 같은 뜻을 가진 중학생들이 모였고, 이참에 우리도 단체를 만들자는 의견이 나왔어요. 그래서 '사람숲'이라는 이름으로 청소년들의 모임을 시작하게 됐죠.

장　어떤 활동을 하는데요?

박　여러 활동에 힘을 보태고 있어요. 일단, 거의 모든 집회에 참석해서 머릿수를 채우는 거. 노조에서 하는 집회든, 세월호 집회든 꼬박꼬박 가고 있어요. 인원이 부족한 지금으로서는 할 수 있는 최선이에요. 사람숲 단체 취지를 말하자면 전반적인 사회문제에 대해 해결 방안을 찾는, 그렇게 해서 세상을 좀 바꿔보려는 거라고 말할 수 있죠. 처음엔 회원이 열일곱 명 정도 됐어요. 그때는 세월호 문제와 노동 문제, 특히 비정규직에 대해서 독서모임이나 토론도 했는데, 고등학교 올라오고 나서 다들 공부하느라 바빠서 연락도 끊기고 대부분 유령회원이 됐어요. 그래서 지금은 사실상 저 혼자 활동하고 있어요.

장　혼자라서 그만두기도 좋겠는데, 왜 이 모임을 유지하고 있어요?

박　사실 혼자서 하다 보면 '이렇게까지 할 필요가 있을까' 싶기도 하고 그만두고 싶다는 생각이 들 때가 있어요. 그럴 때는 '내가 뭔 소리를 하는 거야. 이런 생각 안 하려고 만든 게 이 단체인데' 스스로 나무라면서 마음을 다잡곤 해요. 단체 이름을 걸고 하면 혼자 하는 것보다 훨씬 책임감이 생겨서 좋아요. 다른 단체와 합치는 게 어떨까 하는 생각도 했는데, 할 거면 제대로 해보자 싶어서 혼자라도 끝까지 해보려고요.

장 세월호 사건을 목격했을 때는 중학교 2학년이었죠?

박 네. 그때는 무섭고 그냥 안타깝다는 생각만 했어요. 참사 당일, 학교에서 사고 소식을 잠깐 듣고 '전원 구조'라니까 잘 끝났겠지 했어요. 근데 저녁에 집에 와서 보니까 상황이 심각했어요. '전원 구조'는 오보였고, 몇 달이 지나도 계속 그대로인 걸 보고 선진국 대열에 오른 나라가 어떻게 물에 빠진 사람도 못 구할 수가 있나, 배 한 척에 타고 있던 사람들도 못 구했는데 어떻게 국민 모두를 책임질 수 있겠나 그런 생각을 했죠. 그때만 해도 세월호 사건이 이렇게 커지고 길어질 줄 몰랐어요. 알았으면 진작 뛰어들었을 텐데.

장 처음 집회에 참석하게 된 동기가 있었나요?

박 어른들이 뉴스를 보면서 "저 사람들(세월호 유가족) 돈 받아먹으려고 하는 거다" 말하는 걸 듣고, 정말일까 싶어서 광화문에 와봤어요. 그때 유민 아버지가 단식하고 계셨거든요. 와서 보니까 어른들 말처럼 '돈 때문에 그러는 게 아니라'는 사실을 눈으로 확인하게 된 거예요. 그러고는 저도 이 길에 들어서게 됐죠. 광화문에 나오다 보면 세월호 특조위가 어떻게 됐고, 진상 규명, 인양이 어떻게 되어가고 있는지 빠르게 접하게 되더라고요.

"제일 든든한 정치자금은 세뱃돈이죠."

장 사람숲 활동을 하기 전에도 사회문제에 관심이 있었어요?

박 통일문제에 관심이 있었어요. 수업시간에 이산가족 이야기를 듣고 나서 혼자 임진각에 갔었거든요. 정말 어떤가 보려고요. 바로 눈앞에 북한 땅이 보이더라고요. 이렇게 가까운데 왜 못 만나고 있나, 그런 생각을 했죠.

장 중학생 혼자 임진각에 갔다고요? 원래 호기심이 많아요? 궁금하면 직접 확인해봐야 하는 성격인가 봐요.

박 네. 안 그러면 뭔가 찝찝하더라고요. 뉴스만으론 뭔가 부족한 것 같고.

장 혼자 집회 나왔을 때 놀라진 않았어요? 경찰들 줄지어 있는 거 보면 무섭고 위축이 될 텐데.

박 처음엔 진짜 무서웠어요. 경찰들이 쫙 깔려 있는 거 보니까. 근데 곧 적응이 되더라고요. 한 번 겪고 나니까 다음부터는 물대포 맞아도 그냥 목욕탕에 온 것 정도로 생각되고 무섭지 않았어요. 예전에는 무서워서 도망쳤는데 이제는 안 그래요. 익숙해진 거죠.

장   어른이 되고 나서 해도 되는데, 왜 청소년 시기에 이런 단체 활동을 하느냐 그런 얘기하는 분들 많죠? 어떻게 생각해요?

박   저는 오히려 십대이기 때문에 할 수 있는 게 있다고 봐요. 어른보다 학생들이 나서서 움직이는 게 시선을 끌기에도 좋죠. 좀더 많은 사람들이 봐주고 관심을 가져주는 게 문제해결에도 더 큰 영향을 미칠 수 있다고 생각해서 나서게 됐어요.

장   활동하려면 돈도 만만치 않게 들 텐데요. 아까 보니까 빵을 사와서 서명대에 있는 어른들께 나눠주던데, 활동비는 어디서 나와요?

박   제일 든든한 정치자금은 세뱃돈이죠. 저번 설에 한 바퀴 돌면서 세뱃돈 받은 걸로 단체 깃발도 만들고, 앰프도 사고, 필요한 굵직굵직한 것들을 미리 준비해놨어요. 그러고 나니까 크게 돈 드는 건 없어요. 그래도 많이 돌아다니니까 차비가 많이 들고, 가끔 전단지 만들어 뿌리거나 할 때 돈이 필요해요. 그럴 땐 중고장터에 이것저것 내다 팔아요. 안 읽는 책도 중고서점에 내놓고.

장   다른 많은 청소년들은 이 시간에도 열심히 공부하고 그러잖아요.

박   그렇게 자기 공부만 하면서, 세상이 어떻게 돌아가든 자기만 챙기고 보는 태도는 문제가 있다고 봐요. 남이 쓰러져 있든 죽어가든 신경 안 쓰고, 소외된 사람들에 대해서도 아무런 관심이 없죠. 그러면 그 사람들이 점점 도태될 거고 더 많은 사람들이 죽어갈 텐데, 그걸 인식하지 못하고 자기만 챙기는 태도는 문제가 있잖아요.

장   친구가 없을 것 같은데?(웃음) 보통 청소년들은 이런 문제에 별로 관심 없잖아요.

박   아, 아니에요. 친구는 많아요.

장   친구들이랑 얘기가 통해요?

박   주로 제가 알려주는 식이죠. 세월호 얘기는 좀 아는 편인데, 최근 구의역 청년 사망 사고나 그런 건 아예 몰라요. "아니, 너는 뉴스도 안 보냐" 하니까 "뉴스를 왜 보냐. 그 시간에 공부를 해야지" 그래요. 세상에서 일어나는 거의 모든 일을 모르고 살더라고요. 제가 말해주면 그런 일이 있었냐고, 신기하다고 그래요. 이런 걸 어떻게 아느냐고 묻기도 하고.

진짜 아무것도 모르는 친구들이 많은데, 저한테 이런 걸 묻고 관심 갖는 것만으로도 큰 힘이 돼요. 이렇게 해서 그 애들도 나름대로 자신의 의견을 낼 테고, 그게 사회 변화에 조금이라도 도움이 되겠죠. 어느 책에서 봤는데, "한 가지 불의에 눈을 뜨게 되면 또 다른 불의에도 눈을 뜨게 된다"는 대목이 있었어요. 그게 딱 맞는 말인 거 같아요. 제 경우를 보니까 한 가지 일에 관심을 가지니까 그게 다른 분야로도 번지더라고요. 그래서 처음에 관심을 갖는 게 중요하다고 생각해요. 학교에서도 이런 사회적인 문제도 많이 가르치고 알려야 한다고 봐요.

장　학교에서 선생님들은 세월호에 대해서 뭐라고 하세요?

박　선생님들은 굉장히 말을 아끼시더라고요. 교장 선생님 눈치도 보이니까. 근데 제가 만화동아리에 들어갔는데, 담당 선생님이 전교조 교육지에 만화 그리는 분이셨어요. 그래서 그분하고 대화했더니 말이 좀 통하고 새로운 사실도 알게 되더라고요.

장　인문계 고등학교를 다니고 있잖아요. 이렇게 돌아다니는데 성적이 떨어지지는 않아요?

박　몇 점 오락가락하는 정도라 큰 지장은 없어요. 주말에 돌아다니는 대신, 평일에 더 열심히 하게 돼요. 팍팍 떨어지진 않아서 그렇게 티 날 정도는 아니에요.

장　이미 돌아갈 수 없는 강을 건넌 것 같은데, 또 관심 있는 분야가 있나요?

박　노동 문제요. 몇 년 뒤면 저도 알바를 할 거고, 학생보다 노동자로 살아갈 시간이 더 길기 때문에 노동문제도 관심을 많이 갖고 있어요.

장　한국에선 '노동'이란 단어가 왜곡돼 있어서 본인이 노동자인 줄도 모르고 살아가는 어른들도 많은데요.

박　초등학교에서 노동자가 어떤 사람이라고 생각하는지 물으니, 대부분 3D 업종에 종사하는 사람이라고 대답했다는 기사를 본 적이 있어요. 그런데 사실은 대기업에서 일하든 다른 직종에서 일하든 대부분 노동자이기 때문에 노동 문제에 좀더 많은 관심을 가져줬으면 하는 바람이 있죠.

"절망적이기 때문에 의욕이 생겨요."

장　이런 활동 하는 거, 부모님은 뭐라고 하시나요?

박　부모님은 모르세요. 그냥 도서관 간다고 하고 나와요. 부모님이 워낙 보수적이시라 알게 되면 얼굴 붉힐 일만 생기니까 그냥 비밀로 하고 있어요.

장　어떻게 모르실 수가 있죠? 이렇게 자주 돌아다니는데.

박　나름대로 방법을 찾아놨죠. 진짜로 도서관에 가는 날에 사진을 많이 찍어놔요. 여러 자리를 돌아다니면서 포즈도 바꾸고, 층별로도 찍고, 낮과 밤이 구별되게 시간대별로도 찍고. 엄마가 이따금 "너 어디야?" 문자 보내면서 인증샷을 요구할 때가 있거든요. 그럼 미리 찍어놓은 사진 중에 적당한 걸 골라서 하나씩 보내죠.

장　인원이 조금 더 늘어나면 해보고 싶은 활동이 있어요?

박　저희 단체가 주도해서 집회도 열어보고 여러 가지 활동도 기획해보고 싶어요. 물론 공부도 중요하지만, 사회가 어떻게 굴러가는지에 대해 관심을 가져야 된다고 생각하기 때문에. 앞으로 살아갈 세상에 대해 제대로 알지 않으면 지금 하는 공부도 결국 다 헛될 수 있다고 생각하거든요.

장　이런 활동을 하면서 눈으로 확인한 대한민국은 어떤 곳인 가요?

박　소외된 사람들을 보듬어주고 연대하는 게 아니라, 아픈 사 람들이 '우리 좀 봐달라'고 하면 오히려 매장하려는 사회. 자식 잃은 유가족들에게 "돈 받으려고 그런다, 종북 빨갱이들이다" 그 런 말을 거침없이 던지는 비인간적인 사회죠. 아까 보셨죠. 저기 동아일보사 앞에서도 "세월호 척결, 종북세력 척결" 주장하잖아 요. 청와대를 봐도 그렇잖아요. KBS에서 세월호 문제 보도하는 걸 이정현 당시 홍보수석이 통제했어요. 자기들의 안위를 위해서 소외된 사람들을 매장시키는 사회죠.

장　본인의 실천이 이런 세상을 바꿀 수 있을까요? 행동할수록 오히려 좌절감을 느끼게 된다든지, 무기력하다든지 그렇진 않아 요?

박　절망적이에요. 절망적이긴 한데, 그렇기 때문에 의욕이 생 겨요. 앞으로 이 나라에서 적어도 수십 년은 더 살 텐데, 그럼 뭔 가 바꿔야 하지 않을까, 의지가 생기죠. 저 혼자라도 계속 할 거예 요. 안 하는 것보다 한 명이라도 하는 게 낫다면. 천천히, 늦게라 도 저라도 참여하는 게 세상을 바꾸는 데 도움이 된다면.

(vol 106, 2016, 7-8)

정의로운 민주시민의 탄생

책에서 삶의 길을 묻다

2006년, 고등학교 입학을 기다리던 겨울이었다. "네 또래 학생들이 같이 책 읽고 토론하는 서점이 있다더라"는 어머니의 소개로 찾은 '인디고서원'. 큰 기대는 하지 않았다. 토론이라면 초등학교 때 딱 한 번 찬반으로 나뉘어 주장과 근거를 대던 기억밖엔 없었으니까. 그런데 처음 만난 인디고서원은 내가 알던 어떤 곳과도 다른 분위기를 지닌 장소였다. 아름답게 꾸며진 건물의 인테리어와 조명 때문이기도 했지만, 무엇보다 그런 아름다움의 목

윤한결 _ 부산에 있는 인디고서원에서 활동하며 2007년 '정세청세'를 만들었고, 2017년까지 정세청세의 인문기획팀장으로 활동했다.

적이 청소년들이 좋은 책을 읽고 영혼이 성장할 수 있도록 돕는 데 있었기 때문이다. 책은 팔리기 위해서가 아니라 읽히기 위해 그 자리에 있었고, 사람들의 눈빛은 존재와 세계에 대한 탐구심으로 빛나고 있었다.

토론도 내가 생각했던 찬반토론이 아니었다. 인디고서원에서의 인문학 공부는 매주 한 권의 책을 읽고 자기 생각을 써와 발표하는 것으로 진행되었는데, 처음에는 책을 읽고 글을 쓰는 것 자체가 쉽지 않았다. 정해진 답이 아니라 내 생각을 써야 했기 때문이다. 그러나 수업을 몇 번 진행하면서 내 생각을 쓰려면 무엇보다 내 삶의 문제를 써야 한다는 것을 배웠다. 아무리 잘 쓴 글이라도 그 안에 살면서 겪은 고민과 문제의식이 없으면, 살아 있는 느낌이 들지 않았기 때문이다. 반대로, 내 삶에서 고민하던 문제에 대한 답을 조금이라도 책 속에서 찾아냈을 때, 가슴이 두근거리고 '내 생각'이라고 할 수 있는 것이 돋아났다.

그때 '내 삶의 절실한 문제'란 다름 아닌 고등학교 생활 그 자체였다. 오후 4시가 되면 수업이 끝났던 중학교에 비해, 야간자율학습을 하며 밤 9시까지 학교에 남아 있어야 했던 고등학교 생활은 감당하기 어려웠다. 1학년이 된 첫날, '야간자율학습 동의서'를 돌리며 "여기 동의 안 할 거면 자퇴할 각오해라" 하시던 담임 선생님의 목소리가 아직도 기억난다. '자율'학습이라면서 동의를 강요하는 것도 폭력적이거니와, 더 무서운 것은 그러한 폭력이 담임선생님 개인의 성격에서 나오는 게 아니라는 것이었다. 인간적으로 선하고 친절한 선생님들도 '우리를 위해서' 교실에 최대한 오래 붙잡아 두는 것을 미덕으로 여겼고 그를 위해선 사랑의 매도 아끼지 않으셨다. 한창 자라나는 생명력으로 꿈틀대던 나와 친구들은 교실이라는 공간에 마구 구겨 넣어진 채, 매일 같은 시간의 반복을 견디도록 강요당했다. '왜 청춘의 소중한 시간을 하루 종일 학교에서만 보내야 하는 거지?' 마음속에 현실의 모순에 대한 물음이 커갈수록 책 읽기는 더 간절해졌다. 어느덧 나에게 책 읽기는 의무가 아니라, 삶의 물음들에 답을 찾기 위한 절실한 도구가 되었다.

희망의 인문학과 정세청세의 탄생

그렇게 물음으로 가득 찬 일 년을 보내고 막 고등학교 2학년이 되어 인디고서원에서 함께 읽은 책이 『희망의 인문학』이었다. 저자 얼 쇼리스는 미국에서 오랫동안 빈곤 문제를 연구해온 인문학자이다. 그는 빈곤이 근본적으로 해결되지 못하고 대물림되는 이유를 찾던 중 우연한 기회에 교도소를 방문해 한 죄수와 이야기를 나누게 된다. "사람들이 왜 가난할까요?"라는 쇼리스의 질문에 비니스 워커라는 여인은 이렇게 대답한다. "시내 중심가 사람들이 누리고 있는 정신적 삶이 우리에겐 없기 때문이죠."

가난한 사람들에게도 인문학 교육이 필요하다는 것을 깨달은 쇼리스가 만든 것이 소외계층을 위한 정규 대학 수준의 인문학 수업 과정 '클레멘트 코스'다. 『희망의 인문학』에는 이 수업을 통해 수강자들이 스스로 자신의 삶을 성찰하며 자존감을 되찾는 과정이 소개되어 있다. 무엇보다 놀라운 것은 이들이 자신의 개인적인 성공만 추구하는 것이 아니라, 자신이 이전까지 겪었던 빈곤의 근본적 원인을 불평등한 사회구조 속에서 발견하고, 그것을 개선하는 것을 자신의 책임으로 받아들이게 되었다는 사실이었다. 바로 이 지점에서 인문학 공부를 통해 정의로운 민주시민이 탄생할 수 있다는 희망을 느꼈다.

『희망의 인문학』을 함께 읽은 나를 비롯한 청소년들은 이 책에서 묘사하고 있는 미국 소외계층 사람들의 모습이 지금 대한민국 청소년의 모습과 다르지 않다고 느꼈다. 비록 우리가 모두 경제적으로 빈곤한 것은 아니었지만, 경제적으로 부유하고 공부를 잘한다 해도, 모두가 선망하는 명문대를 간다 해도 자신이 진정으로 원하거나 선택한 길이 아니라면 그 역시 자신의 삶을 살지 못하는 '영혼의 빈민'이 아닐까. 토론 내용을 듣고 선생님께서 그날 내주신 숙제는 "그렇다면 쇼리스가 미국의 빈민 문제를 해결하기 위해 '클레멘트 코스'를 만들었듯이, 너희도 대한민국 교육 문제를 해결하기 위해 너희가 할 수 있는 인문학 프로젝트를 기획해오라"는 것이었다.

우리는 각자 숙제를 해왔고, 교육 문제를 해결하는 데 도움이될 '대한민국 청소년을 위한 인문학 소통 프로젝트'를 해보기로의견을 모았다. 기획 내용은 책을 읽고 토론에 참여하는 데 어려움을 느낄 청소년들을 고려해 책 대신 우리가 토론할 주제와 연관된 짧은 영상을 선정해서 함께 보고 이야기를 나누자는 것이었다. 아이디어가 모아지니 일은 일사천리로 진행되었다. 우리 반친구들은 행사 기획팀이 되어 함께 이야기할 주제를 정하고, 그에 맞는 영상을 고르고, 행사 장소도 빌렸다. 이렇게 해서 지금의청소년 인문 토론의 장, '정세청세(정의로운 세상을 꿈꾸는 청소년,세계와 소통하다)'가 탄생했다.

청소년 백여 명이 참여한 첫 행사는 성공적으로 끝났다. "우리누군가 말을 시작하면 그 사람의 눈을 쳐다봐주기로 해요. 내가당신의 말을 잘 듣고 있다는 표시로요." 이것이 소통을 위해 처음정한 약속이었다. 그러자 서로 소개를 하고 어색한 침묵도 잠시,여태껏 경험해보지 못한 경청과 존중의 분위기 속에서 하나둘 자신이 학교에 다니면서 느끼고 있던 문제들, 받았던 상처들, 자신이 좋아하는 것, 꿈꾸는 삶에 관해 입을 열기 시작했다. 처음 만난우리가 오랫동안 친하게 지낸 친구와도 잘 나누지 않는 이야기를꺼내놓다니! 그건 우리에게 기적 같은 일이었고 그 순간이 꿈만같았다.

전국에 퍼지는 청소년들의 민주주의

2007년 부산에서 처음 시작한 정세청세는 전국에서 열리는 인문 토론의 장이 되었다. 첫 행사 이후 계속 열린 행사에서는 다른 지역에서 기차를 타고 온 청소년들을 여럿 만날 수 있었다. 그들 역시 자신이 겪고 있는 삶의 문제를 또래들과 소통할 곳을 열망하다가 정세청세를 찾아온 친구들이었다. 이들은 자신의 지역으로 돌아가 뜻이 맞는 친구들을 모아 그곳에서 정세청세를 열었다. 2009년 전국 6개 지역으로 시작한 정세청세는 8개, 12개, 20개 지역으로 해가 갈수록 퍼져갔다.

2009년 대학에 입학한 나는 주말마다 기차를 타고 정세청세가 열리는 다른 도시에 가서 그곳 기획팀의 행사 주최를 도왔다. 그들은 내가 겪었던 것과 같은 가혹한 입시경쟁 속에서도 자발적으로 정세청세를 진행하며 자신을 알아가고 세계를 이해해 나가는 여정에 다른 청소년들을 초대했다. 그렇게 지금까지 전국 28개 지역에서 열린 이 행사에 참여한 청소년은 2만 명에 달한다.(2017년 통계. 2019년 12월까지 36개 지역에서 2만 5천여 명의 청소년이 참여했다.) 기획팀원으로 활동하던 청소년은 청년이 되어 소외된 지역, 계층의 아이들을 직접 찾아가 인문학적 사유를 쉽게 소개해주는 '찾아가는 정세청세'를 진행하고 있기도 하다.

정세청세를 처음 시작하고 10년 동안 옆에서 함께 지켜보면서, 사실 무력감을 느끼는 순간이 없지 않았다. 과연 정세청세를 통해 세상이 바뀔까? 10년이 지나도 우리가 함께 살아가는 현실은 크게 변한 것 같지 않았다. 나날이 심해져 가는 경쟁의 압박과 뒤처질지 모른다는 불안 속에서, 여전히 많은 청소년들이 견디다 못해 스스로 목숨을 끊고 있다. 그러나 내가 결코 쉽게 좌절하거나 희망을 잃지 않는 이유는, 이때까지 정세청세를 거쳐간 청소년들의 눈빛을 기억하고 있기 때문이다. 몇 년 전 열여덟 살 청소년이 쓴 행사 후기 중에, 정세청세를 마치고 집으로 돌아가는 버스에서 자신이 세상을 바꿀 수 있을 것 같다는 생각에 두근거림이 멈추지 않았다는 글을 읽었다. 행사는 순간이고 일상으로 돌아가면 견뎌야 할 현실의 무게가 다시금 우리를 짓누르지만, 그 순간의 행사에서 느꼈던 희망이 현실을 살아가는 힘을, 나아가 현실을 바꿔나갈 힘을 준다. 시스템의 무력한 피해자가 아니라 그 시스템을 만들어가는 주인으로서 스스로의 가능성을 발견하게 해주는 이 소중한 씨앗을 결코 포기할 수 없는 이유다.

살아 있는 민주주의를 실천하기 위한 삶의 기술

정세청세와 함께하면서 배운 것은 인문학, 즉 인간이란 존재에 진지한 관심을 가지고 탐구해 나가는 배움의 과정이 민주주의 사회 공동체의 일원으로서 현실의 문제에 관심을 가지고 참여할 동기를 준다는 사실이다. '나는 누구인가'라는 본질적인 물음을 따라가다 보면 내가 살고 있는 이 세계는 과연 어떤 곳인가, 그곳에서 나는 이 한 번뿐인 삶을 어떻게 살아갈 것인가 하는 윤리적인 물음까지 필연적으로 연결되기 때문이다. 이런 과정을 통해 설정한 내 삶의 기획은 외부에서 강요하거나 주어진 삶보다 훨씬 강력한 힘을 지닌다. 그러나 이상적인 삶의 기획만으로는 당장 주체적인 삶을 살기가 어려운 것 또한 사실이다. 삶이란 무엇보다 일상에서 몸으로 부딪히는 실제적인 것이기 때문이다.

그렇다면 우리가 정세청세를 통해 배운 가치들을 삶에서 어떻게 실천할 것인가? 이것이 정세청세를 처음 시작할 때부터 지금까지 나를 비롯한 참여자들의 공통된 물음이었다. 이를 해결하기 위해 정세청세에서 초창기에 시도했던 것은 프랑스의 아동 민주시민 독본에 나와 있는 '좋은 시민이 되는 15가지 방법'을 참고하는 것이었다. 선택한다는 것, 수락한다는 것, 거절한다는 것, 지켜야 한다는 것(법, 규칙 등), 관용한다는 것, 저항한다는 것, 뛰어든다는 것(위급한 상황에서 발 벗고 나설 수 있는 것), 위험을 남에게 알린다는 것, 의심을 갖는다는 것, 아는 것과 믿는 것의 차이, 참여한다는 것, 대화를 한다는 것, 자기 의견을 밝힌다는 것, 자기를 통제한다는 것, 항거한다는 것 모두 열다섯 가지의 구체적인 삶의 기술로 이루어진 이 목록을 참고하여 각 회의 주제로 정한 것이다. 이러한 삶의 방법이 우리 사회 곳곳에서 실천되었다면 용산 참사와 세월호 참사, 전 대통령의 국정농단 사태 등 수많은 비극들을 막을 수 있지 않았을까.

지난 가을과 겨울, 권력자들의 비리와 정경유착의 실상이 명백하게 드러나면서 매주 수십만 명의 시민들이 거리로 나와 촛불을 들었다. "대한민국은 민주공화국이다. 대한민국의 주권은 국민에게 있고, 모든 권력은 국민으로부터 나온다"라는 대한민국 헌법 정신을 대표하는 구절이 거리 곳곳에 울려 퍼졌다. 결국 3월 10일, 헌법재판관 여덟 명의 만장일치로 탄핵안이 인용되면서 박근혜 대통령은 파면되었다. 거리를 밝힌 수많은 촛불들을 바라보며, 그간 정세청세를 거쳐간 얼굴들을 떠올렸다. 우리가 함께 모인 자리에 촛불은 없었지만 서로의 심지를 맞대며 영혼의 촛불을 나눴던 시간들. 대통령 국정농단이라는 비상사태가 아니더라도 이미 위급한 상황에 놓여 있었던 우리의 삶을 지키기 위해 서로 용기를 나눴던 그 시간들이 새삼스럽게 북받쳐 흘렀다.

2017년 2월, 부산에서는 사흘 동안 전국의 정세청세 기획팀원들이 참여한 인문학 캠프가 열렸다. 청소년 티를 훌쩍 벗고 벌써 스물아홉 청년이 된 나는 공익법인 정세청세에서 주최하는 청소년 인문학 캠프의 스태프로 참여해, 정세청세가 어떻게 시작되었고 지금까지 어떻게 진행됐는지 소개하는 강의를 했다. 올 한 해 정세청세를 어떤 방향으로 이끌어갈지 영감을 나누고 기획하는 이번 캠프에서 전국에서 모인 청소년들은 '살아 있는 민주주의를 실천하기 위한 삶의 기술'을 전체 주제로 정했다. 그리고 2017년 여섯 번 열릴 정세청세의 주제를 각각 '귀 기울여 듣기' '창조적으로 논쟁하기' '정치적 상상력 발휘하기' '함께 결정하기' '희망하기' '선택하기'로 뽑았다. 그들도 10년 전 내가 학교와 세상에서 느꼈던 무력감과 박탈감을 느끼게 될까? 아마 그럴 것이다. 하지만 정세청세에서 배우는 저 삶의 기술들이 부조리한 세상 속에서 고귀하고 선한 삶을 지킬 수 있는 힘이 되어주기를. 행복한 저항과 변화를 함께 만들어가기를. 이것이 오늘도 내가 촛불을 켜는 이유다. 그 촛불의 이름은 정세청세, 그 심지를 조용히 당신에게 기울인다.

(vol 110, 2017, 3-4)

나는 교문 밖에서
민주시민이 되었다

교육의 목적이 민주시민 양성이라는데

한국 교육의 주요 목적 중 하나가 '민주시민 양성'이라는데, 12년째 공교육을 받고 있는 나는 지금껏 학교에서 제대로 된 민주주의를 배워본 적이 없다. 누군가는 사회나 윤리, 도덕 시간에 '시민 불복종' '삼권분립' 등을 배우지 않느냐고, 자율활동, 자치활동 시간에 민주시민교육이 충분히 이루어지고 있지 않느냐고 말할 것이다. 학급회의를 하고, 학급임원을 뽑고, 학생회 활동을 하는 게 다 민주시민교육의 일환이라고.

서한울 _ 강원도 원주에서 일반 고등학교를 다니면서 이 글을 썼다. 올해 대학에 진학해서 새로운 세계를 탐색할 준비를 하고 있다.

난 이렇게 답하겠다. "아, 학교에서 미리 정한 주제로(교내환경 정화, 학교폭력 예방 등) 회의록 채우기 위해 보내는 그 시간이요?" "아, 대충 공부 잘하는 애들 시키는 그 인기투표요?" "아, 생기부 (학교생활기록부) 채우려고 들어가서 쌤들이 시키는 대로 하는 봉사활동이요?"

상급학교 진학을 위한 수단으로 전락해버린 학교라는 공간에서, 교내 활동의 대부분은 '생기부에 기재될 때만' 그 필요성을 지닌다. 누군가 생기부에 기재되지 않는 활동을 열심히 하면 "그거 왜 해?"라는 말을 듣는다. 그나마 학생들이 즐길 수 있는 동아리 활동조차 생기부의 '동아리 활동' 칸이 제한되어 있기 때문에, 학교에서는 두 개 이하만 하기를 권장한다. 너무 많은 동아리에서 활동하면 각각의 내용을 길게 담아내기 어렵기 때문이다.

그럼에도 세 개, 네 개 이상의 동아리에 가입한 친구들도 있는데, 그들은 그냥 그 활동이 좋아서 하는 거다. 학교에서는 이런 열정적인 학생들을 곱지 않은 시선으로 본다. '쓸데없는 거 하느라 시간 관리 못하는 학생'으로 여긴다. 그 시간에 차라리 문제집을 한 권 더 풀라는 식이다. "그런 건 대학 가서 얼마든지 할 수 있어." 선생님들에게 지겹도록 들은 말이다.

반대로 생기부에 기재된다고 하면, 재미없어 보이는 교내 대회도 중상위권 성적의 학생들은 최선을 다해 참가한다. 대표적으로 교내 수학경시대회가 그렇다. 나도 작년에 이 대회에 참가했다. 수학을 좋아하지 않았고 재능도 없었는데, 혹시 상을 탈 수 있지 않을까 싶어서. 결과는 처참했다. 문제 푸는 게 너무나 따분해서 몇 분 되지도 않아 교실을 나와버린 것이다. 하지만 아직까지도 소위 공부 잘하는 애들에게는, 어떤 종류의 대회든 일단 참가하는 것이 불문율이다. 실제로 이런 교내 대회들은 애초에 '상위권 애들 스펙용'으로 만들어진 것이기도 하다. '어차피 성적 좋은 애들이 가져갈 상인데 왜 해'라는 생각으로 대부분의 학생들은 참가하지 않는다. 대회가 열릴 때마다 반복되는, 철저히 '그들만의 리그'다.

아무도 연대하지 않는 교실

이런 현실은 학생들을 개별화시킨다. 교내 대회도, 세특(세부능력특기사항)도, 수업도 자기가 알아서 챙겨야 한다. 예전에 다른 공식적인 일과로 수업을 놓쳤던 적이 있는데, 나는 친구에게 필기한 걸 보여 달라고 말할 수 없었다. 아무리 사정이 있었다 해도 친구가 수업 중에 열심히 적은 '필기'라는 결과물을 아무런 대가없이 요구하는 것이 눈치보였다. 실제로 그런 상황에서 빌려주길 거절하는 친구도 있고, 빌려주긴 하지만 "걔가 자꾸 필기 보여 달라 해서 짜증나"라고 뒤에서 투덜거리는 친구도 있다.

지난번엔 친구 한 명이 이런 말을 했다. "나는 애들이 입시괴물이라 그럴까 봐 수업시간에 궁금한 게 있어도 질문을 못 하겠어." 질문하는 게 왜 입시괴물이냐고 묻자, 옆에 있던 다른 친구가 답했다. "너무 질문 많이 하고 그러면, 애들은 일부러 쌤들한테 점수 따려는 걸로 봐. 근데 진짜 그런 애들은 딱 티가 나." 궁금해서 묻는 것마저 우리는 '입시를 위한 행위'라고 서로 끊임없이 의심하고, 의심받는다. 각자도생의 수준을 넘었다. 때로는 경쟁자(친구)가 하는 일이 잘못되기를 바란다. 경쟁에서 승리하는 보다 편한 방법은 남의 등수가 내려가는 것이기 때문이다.

'시민'은 연대하지만, 우리는 연대하지 않는다. 아니 할 줄 모른다. 연대라는 개념이 무엇인지도 모르고, 연대할 시간과 기회도 없다. 2016년 촛불집회 때 많은 청소년들이 거리로 나왔다. 당시 많은 언론은 청소년들의 똑부러진 자유발언 영상을 보도하며 그들의 용기와 시민의식을 칭찬했다.

하지만 나는 지금, 그때 거리에 나오지 않았던 그보다 훨씬 많은 수의 청소년을 떠올린다. 전국 곳곳에서 주말마다 촛불집회가 열릴 때도 그들은 사회에서 어떤 일이 일어나고 있는지 정확히 몰랐다. 그리고 무슨 일인지 대충은 알더라도 광장에 나가지 않았다. 나는 그때 중학교 3학년이었는데, 선생님이 촛불집회에 나가본 적 있는 사람 손 들어보라고 했을 때 교실에 깔렸던 적막을 기억한다.

국민이라면 누구나 분노할 만한 국정농단과 부정부패가 드러난 상황에서도 다른 나라 일인 양 교실에 갇혀 있었던 다수의 우리들. 국가의 중대한 사안에도 침묵하는데 주변의 일상적인 일들에 우리는 친구와 손잡고 문제해결을 위해 나설 수 있을까? 대부분의 청소년들은 직접적인 '내 문제'가 아니면 절대로 나서지 않는다. 내 문제라고 생각해도 타인의 시선, 분위기, 입게 될 피해를 걱정해 침묵하는 경우가 많다. 하물며 남의 아픔과 상처에 공감하며 연대할 수 있을까? 연대도 해본 사람이 할 수 있다. 교실에서는 절대 연대하지 않는다.

나는 교문 밖에서 민주시민이 되었다

나는 학교에서 배울 수 없었던 민주시민 교육을 교문 밖에서 스스로 찾아 해결했다. 내가 원하는 것은 무엇이든 '직접 해보는' 활동 중심의 학습이었다. 교문 안에서는 시작부터 우리끼리 '작당모의'를 해볼 기회가 없었다. 원하는 활동을 위해서는 다른 곳에서 기회를 찾아야 했다.

고등학교 1학년 때부터 2년간 지역 청소년수련관 소속 동아리에서 활동했다. '청소년의 행동하는 양심'이라는 이 교외 동아리에서 나는 '체인지 메이커' '평창동계올림픽 남북공동응원단' '청소년 평화통일기행' '촛불청소년인권법제정연대' '세월호 추모행사' 등의 활동을 했고, 지역 내에서 청소년 단체를 꾸려 '팔레

트 프로젝트'라는 두발자유화 운동을 추진했다. 강원도교육청 학생기자단과 영상제작 동아리에서도 활동했다. 고3인 나는 요즘 화요일마다 영상미디어센터에 가서 단편 다큐 제작 워크숍에 참여하고, 목요일마다 장일순 선생의 사상을 공부하는 무위당 학교를 다니고 있다.

매주 토요일엔 원주에서 서울을 오간다. 서울시립청소년직업체험센터(이하 하자센터)에서 하는 10대연구소 활동 때문이다. 10대 당사자들이 직접 인문사회과학 등의 관점에서 자신들을 연구하는 이곳에서 청소년 연구원으로 활동하고 있다. 올해 연구 소재는 '10대의 우울' '학교 내 페미니스트' '학원 생태계'이다.

운영은 물론 연구 주제를 선정하는 과정까지 철저히 청소년 연구원 중심이다. 연구를 도와주는 비청소년이 있긴 하지만, 우리는 서로를 별명으로 부르고 똑같이 존댓말을 쓴다.(그럼에도 분위기는 화기애애하다.) 밝히고 싶지 않아 하는 개인정보를 묻지 않되 서로에게 관심을 둠으로써 소외되는 사람이 없도록 하는 것도 기본적으로 깔려있는 분위기이다. 우리는 '나'의 이야기를 자유롭게 함으로써 동시에 10대인 우리 자신을 돌아본다.

내가 이곳에서 요즘 새롭게 배워가고 있는 시민성은 '다양성 존중하기'이다. 누군가가 보기에는 10대들이 모두 비슷해 보일 수 있지만, 사실 우리는 너무나도 다르다. 10대연구소에도 여러 사람이 있다. 조용한 사람, 활발한 사람, 컨디션이 안 좋은 사람,

기분 좋은 사람, 우울한 사람…. 나는 각자 그날의 감정은 제각각일 수 있다는 것을 배우고 있다. 그러므로 대화 과정에서 우리는 서로를 배려하고 모두 잘 참여할 수 있는 분위기를 만들어야 한다는 것, 혹여 대화에서 배제되는 사람이 있다면 그 사람에게 관심을 두고 소수의 의견에도 반드시 귀를 기울여야 한다는 것을 배운다. 그게 민주주의고, 그렇게 하는 사람이 시민이라고, 10대 연구소에서 누구도 말하지(가르치지) 않지만 나는 가슴으로 배워 가고 있다.

중요한 것은 단편적인 교과서 속 지식이 아니라 생활에서 발견되는 우리 삶의 조각들이라는 걸 다시금 느낀다. 자기 삶과 가장 가까운 교실, 가정에서 민주주의를 해치는 요인을 찾아내고, 대안을 제시하고 실천하는 일이 민주시민교육의 시작이라는 것을.

'시민'이라는 말을 들으면 광장, 선거처럼 거시적인 무언가를 떠올리기 쉽지만, 자신과 주변 문제에 대해 관심을 가지는 그 자체가 '참여하는 시민'으로서 중요한 시작이다. 나라 문제보다 자기 주변 문제에 관심을 갖고 행동하는 것은 어쩌면 더 어렵다. 나를 직접적으로 드러내면서 가까운 타인들과 접촉하는 데는 큰 용기가 필요하기 때문이다. 그러므로 때론 광장에서 군중의 일원으로 촛불을 드는 것보다 더 의미 있는 참여가 될 수 있다.

또 다른 교육 불평등

교문 안 학교(입시위주의 공교육)를 바꾸는 건 우리 사회의 오래된 과제이지만, 그게 당장 어렵다면 학교 말고 다른 장소에서 세상을 배워갈 기회를 보장해주어야 한다. 하지만 많은 친구들은 이런 교문 밖 학교를 '모른 채' 살아간다.

학교에서 친구들과 교육이나 사회현상을 주제로 이야기할 때면 주로 내가 대화를 이끈다. 대부분의 친구들은 연예인 관련 이슈에만 주로 관심을 기울일 뿐, 뉴스에서 보도되는 각종 사회현상에 대해 별로 관심이 없다. 그 용어도 어렵고 복잡하고 재미없는 데다, 뉴스에 나오는 현안들과 우리의 삶은 너무나 멀게 느껴진다. 몸으로 체험해보지 못했기 때문이다.

내가 뉴스에 나오는 얘기를 꺼내면 친구들은 신기하다며 더 듣고 싶어 하거나, 낯설고 불편한지 더 듣고 싶지 않아 했다. 둘 다 내가 얘기할 내용에 대해 모르고 있었다는 건 똑같았다. 학교에서 일어나는 부당한 일들에 대해서도 별로 불만을 품지 않았고, 불편해 하지 않았다. 부당하다고 생각되는 일에 문제제기를 할 때도, 같이 고민하고 힘을 합쳤던 건 소수였다. 가만히 있거나 우리가 행동할 때까지 지켜보며 기다리던 친구들은 사안에 대한 생각이 우리와 달랐다기보다, 함께 행동을 함으로써 받게 될 불이익을 걱정하거나 먼저 나서서 사람들의 주목을 이끌어낼 용기가 없었던 것 같다.

　이런 상황을 계속 마주하면서, 나는 정말 궁금했다. '저 애들은 왜 사회문제에 관심이 없을까? 왜 행동하지 않을까?' 나름 찾아낸 답은 어떤 부모(혹은 크게 영향을 받는 사람)를 만나느냐에 따라 누군가는 시민이 될 수 있고, 누군가는 시민이 될 기회를 박탈당한다는 것이다. 한 인간이 세상에 태어나 자라면서 가장 크게 영향을 받는 존재는 당연히 부모(혹은 다양한 형태의 가족)다. 예컨대 부모가 저녁 시간마다 뉴스를 틀면, 아이는 자연스럽게 뉴스와 친해진다. 뉴스와 친해진다는 것은 곧 '세상이 어떻게 돌아가는지'에 관심을 가지게 된다는 것이고, 더 잘 알 수 있게 된다는 뜻이다.

　나는 어릴 때부터 부모님에게 "학교 그만두고 싶으면 언제든지 그만둬도 돼"라는 이야기를 들으며 컸다. 부모님은 두 분 모두 공교육 교사셨지만, 공교육의 모순을 잘 알고 계셨고 '참교육'에 대한 생각이 명확하셨다. 나만의 속도로 나만의 길을 가도 괜찮으니 무엇이든 해보라고, 무얼 하든 배울 수 있는 게 있다고, 부모님은 '이런 게 있다, 저런 것도 있다' 하며 선택의 폭을 넓혀 주셨다. 다양한 대안학교에 대해서도 얘기해주셨다. 다만 알려주실 뿐 모든 선택은 내가 했다. 다른 아이들과 달라지는 게 두려워 나는 그냥 일반학교에 다니고 싶다고 말했다. 나는 공교육에 머물면서도 기회가 닿는 대로 이곳저곳 기웃거렸고, 다양한 캠프를 찾아다니며 새로운 세상을 접했다.

드라마 〈스카이 캐슬〉에서 고등학생 '예서'는 입시 정보에 빠삭하고 돈 많은 부모를 만나 소수만 누릴 수 있는 사교육 혜택을 받는다. 우리는 이처럼 부모의 소득, 정보력 차이로 인해 발생되는 교육의 차이를 흔히 '불평등'이라고 비판한다. 하지만 또 다른 교육 불평등이 있다. 학교 이외의 경험 차이에 따라서도 우리의 시민성은 크게 달라진다. '부모가 어떤 가치관과 교육관을 가지고 있느냐'는 '어떤 형태의 학교에 진학할 것인가' 이상으로 중요하다. 부모가 시민이면 자녀도 시민일 가능성이 높다. 시민으로 성장할 수 있는 기회를 동등하게 제공해주지 못하는 것, 학교 이외의 경험에 격차가 생기는 것도 또 다른 교육 불평등이 아닐까.

어린 시민들의 세상을 위해

물론 '교문 밖의 학교(배움)'가 직접적인 활동만을 의미하는 건 아니다. 독서, 영화 감상 같은 것들도 있다. 어른들은 요즘 애들이 게임이나 노는 것만 좋아하고 책을 안 읽는다는 편견을 가지고 있을 지도 모르겠다. 물론 청소년들이 책을 많이 읽진 않지만, 그렇다고 책을 싫어하는 것도 아니다. 주위에 '수업'을 싫어하는 친구는 많아도 '책'을 싫어하는 친구는 많지 않다. 각자 좋아하는 장르는 다르더라도 수업시간에 몰래 책을 읽는 친구는 언제나 있었다. 지금 고3인 우리 반 친구들의 상황도 딱히 다르지 않다. 시험 기간에도 자습 시간에 몰래 책을 붙들고 있다. 서로 감명 깊게 읽은 책을 추천하기도 하고, 그렇게 언급된 책을 대기 순번까지 짜서 돌려 읽는 모습은 꽤나 익숙하다. 영화는 뭐 당연히 말할 것도 없다.

친구들이 보는 것은 대부분 로맨스나 추리 소설이고, 액션영화이지만 그럼에도 차라리 하루 종일 책을 읽고 영화를 보고 그에 대해 친구들과 수다를 떠는 것이 지금의 학교교육보다 훨씬 나을 거라고 생각한다. 책과 영화는 감수성을 풍부하게 하고, 간접경험을 하게 함으로써 시야를 넓히고, 공감능력을 키워주며, 생각을 깊게 만든다. 하다 못해 서로 책과 영화를 돌려 보며 연대의식도 생긴다.

가정에서 부모가 그 역할을 다하기 어렵다면 학교와 사회가 그 역할을 나누어야 한다. 행동하는 시민을 길러내기 위해서 제대로 된 민주시민의식을 반영하는 방향으로 공교육을 바꿔나갈 수도 있고(이게 가장 어렵겠다), 이를 잘 실천하고 있는 대안교육에 적극적인 지원을 할 수도 있다. 미국에서는 '메트스쿨'이라고, 아예 일터로 출근해 지역 사람들과 관계를 맺는 형태의 학교도 있다. 자동차 정비공을 꿈꾸는 학생은 정비소에 인턴으로 등교(출근)해 멘토에게 기술과 노하우를 배우는 식이다. 홈스쿨링을 할 수도 있고, 혼자 세계 곳곳을 누비며 세상에 대해 배울 수도 있다.

동네 도서관, 영화관으로 등하교 할 수도 있다. 마을교육공동체를 통해 마을 사람들과 소통하며 시민성을 기를 수도 있다.

다양한 형태의 학교를 인정하고 그곳에서 이루어지는 배움이 가치 있다면 국가 차원에서 지원과 관심을 쏟아야 한다. 살아가기 힘든 이 세상에서 가장 필수적으로 배워야 할 것은 연대하고 힘 모아 함께 문제를 해결하는 방법이 아닐까. 그게 시민교육 아닐까. 세상의 모든 어린 시민에게는 스스로의 문제에 대해 고민하고, 도움을 청하고, 함께 도우며 세상을 같이 바꾸어나가는 경험, 즉 민주시민으로서의 권리를 연습할 기회가 필요하다.

(vol 123. 2019. 5-6)

2부
민주시민교육 어떻게 할까

학교 민주주의의 허와 실

민주시민교육, 어디까지 왔나

"정치적 무관심의 대가는 자기보다 못한 사람의 통치를 받는 것이다." 철학자 플라톤의 말이다. 민주주의는 정치에 대한 시민들의 관심과 참여를 바탕으로 성장한다는 사실을 고대 그리스시대에도 꿰뚫고 있었던 것이다. 그런 의미에서 민주주의는 시민의 의식과 열망, 참여만큼 자라는 정직한 나무다.

2016년, 수능을 마친 전국의 고3 학생들이 광화문광장으로 모

염경미 _ 시곡중학교 사회과 교사. 『더불어 사는 민주시민』 중학교 교과서 집필에 참여했다. 『선생님, 민주시민교육이 뭐예요?』 『선생님, 페미니즘 교육이 뭐예요?』 같은 책을 썼다. 경기도인권교육연구회, 전교조전국여성위원회, 안산민주시민교육연구회에서 공부한 것들을 학교 현장에서 실천하고 있다.

였다. 시도교육청에서는 집회 참가와 발언을 이유로 학생들을 징계하지 말라는 공문을 각 학교에 내려보내고, 학생 보호 차원에서 현장에 보건교사나 장학사들을 배치해 안전을 도모하는 쪽으로 집회 참여를 지원했다. 이 또한 엄청난 발전이다. 헌법이 보장하는 '표현의 자유, 집회 시위의 자유, 사상과 양심의 자유'를 들먹이지 않더라도 시민들이 모여 정치적 의사표현을 하는 생생한 자리에 부모 또는 친구들과 놀이처럼 참여하는 학생들을 막을 이유가 없었을 것이다.

그간 교육이 사회의 출세 도구로 이용되는 역사 속에서 대부분의 교사들도 민주시민교육을 받은 적이 없으므로, 학교에서 교사들의 역할은 교과 지식을 가르치는 데에 머물러 있었다. 명문대 진학률이 곧 좋은 학교의 기준이 되었고, 교장과 교사의 능력으로 간주되었기 때문에 그 밖의 중요한 것들은 잊고 지냈다. 그러나 세상은 조금씩 변했고, 여러 지역에서 진보 교육감이 당선되면서 '민주시민교육'은 교육의 화두가 되었다.

그중 학생인권조례는 민주시민교육의 신호탄 역할을 했다. 2011년 경기도 학생인권조례가 만들어진 것이 민주시민교육의 마중물 역할을 하면서 봇물이 터졌다. 학생자치가 활성화되고 학교 민주주의를 논하기 시작했다. 학교문화가 민주적으로 논의되고 학생인권이 보장될 때, 살아 있는 민주시민교육이 될 수 있다는 것을 알았다. 그때야 비로소 지식과 경험이 일치를 이루기 때문이다. 학생인권은 민주시민교육을 논하는 전제 조건이 되었는데, 정작 '인권'이라는 말을 처음 접한 교사들은 어리둥절하거나 갈팡질팡하였다. '인권'은 수직적 권력 관계에서 침해된다는 사실은 모른 채, 그저 체벌 없이 학생들을 어떻게 대해야 하는지만 궁리했다. 사람이란 자기 경험의 한계를 뛰어넘기 어렵다. 먼저 교사의 인권감수성을 높이기 위한 학습이 필요했다. 변화하는 학교 현실에 주체적으로 나아갈 수 있는 교사 인권교육을 통해서 학교에는 조금씩 변화의 바람이 불기 시작했다.

학교교육에도 혁신이 요구되었다. 일방적인 주입식 교육이 아니라 토론 교육, 학교 단위의 자발성 강화, 교사들의 자존감 회복, 학교 주체들 간의 공동체 의식 형성, 교육과정 재구성을 통한 민주시민교육이 그것이다. 혁신교육의 다른 이름은 곧 민주시민교육이다. 혁신교육은 자발적이고 주체적인 교사들의 환호를 받으며 번져나갔다. 전국의 혁신학교에서 민주시민교육을 실천하고자 하는 교사들의 열기가 뜨거웠다.

2017년 4월, '새로운 교육을 위한 선포식'에서는 14개 시도 교육감들이 참석하여 교육의 질적인 발전 방향을 공동으로 연구하고 정책을 세워나가자는 데 합의하고 '학교민주시민교육지원조례'를 제정해 민주시민교육을 교육감의 책무로 명시했다. 경기도교육청이 〈더불어 사는 민주시민〉이라는 교과서를 보급해 교과 수업과 창의적 체험활동에 활용할 것을 권고하는 것도 민주시민교육을 실현하는 데 힘을 더하고 있다.

민주시민교육, 그 실효성은?

교육 현장에선 이렇게 민주시민교육을 할 수 있는 판이 꾸려졌지만, 그럼에도 그동안 민주시민교육은 소수 교사의 관심사로 이해되거나 어떤 경우에는 '의식화 교육'으로 매도되어 징계를 당할 위험까지 감수해야 했다. 정치권은 여전히 민주시민교육을 이념적 잣대로 보는 경향이 있다. 교사의 신변에 닥칠 위험을 감수해야 하는 민주시민교육을 다수의 교사들이 맘 편히 실천하기란 쉽지 않았다.

학교에서도 민주시민교육은 사회과 교사들의 전유물처럼 여기는 경향이 있다. 이렇게 된 데는 여러 이유가 있겠지만, 교과의 분절적 구성이 큰 몫을 한다. 대체로 교사들은 각자의 교과수업을 교과서에 맞추어 충실하게 할 뿐이다. 그러다 보니 관련 요소가 적은 교과에서 민주시민교육에 관심을 갖고 접근하기란 쉽지 않다. 그렇다고 특별히 민주시민교육을 하는 교사에게 주어지는 긍정적 유인 요인이 있는 것도 아니었다. 가산점이나 인센티브는 고사하고 오히려 좌경, 용공으로 몰리는 이데올로기 논쟁으로 빠질 위험이 많았다. 2016년 대구교육청에서 세월호 참사 관련 수업을 진행했다는 이유로 한 고등학교 교사에 대해 징계를 내린 사례 등은 교사들을 위축되게 만든다.

민주시민교육이 이념 논쟁으로 내몰렸던 경험은 교사 스스로 자기 검열을 강화하게 만들었다. 교사들이 위험부담이 있는 민주시민교육을 의도적으로 배제하고 자신의 교과수업에 안주할 가능성이 높아졌다. 또한 분절적으로 접근한 교과교육에서 가르치는 민주주의 제도와 이념 같은 지식은 우리의 삶과 일치하지 않는 경우가 대부분이었다. 사회교과의 민주시민교육이 그저 수능을 대비한 지식교육에 머물러 있는 것 또한 민주시민교육의 현실이다.

그러면서도 2015 개정 교육과정에는 교육 전반을 아우르는 총론이자 모든 교과의 목적으로 민주시민교육을 명시하고 있다. 즉 모든 교과에서 모든 교사가 민주시민교육을 해야 한다는 것이다. 민주주의는 정치뿐만 아니라 일상생활의 원리로 작동해야 하므로 교과수업과 그 외 모든 교육활동, 잠재적 교육과정에서도 민주주의를 학습할 수 있는 교육 환경을 만들어야 한다는 것이다.

그러나 '모든 교사가 모든 교과에서 민주시민교육을 한다'는 것은 달리 말하면 어떤 교과에서도 민주시민교육을 하지 않을 수도 있다는 뜻이다. 실제로는 이것이 대부분의 학교 현실이다. 민주시민교육 얘기를 꺼내면 "하긴 해야 하는데, 어떻게 해야 할지 잘 몰라서…"라며 멋쩍어 하는 교사들을 흔히 만날 수 있다. 인성교육은 도덕교과의 책임으로, 민주시민교육은 사회교과의 몫으로 여기는 현실에서, '모든 교사가 민주시민교육의 주체'라는 인식의 변화 없이는 민주시민교육이 광범위하게 뿌리내리기 어렵다. 교과를 막론하고 궁극의 교육 목적은 이 시대가 요구하는 민주시민을 기르는 일이다. 개인의 행복과 함께 공동체의 정의와 번영을 도모하는 것을 교육의 이상으로 여겨야 할 것이다. 배우지 않고는 습득할 수 없는 것이 바로 민주시민성이다. 민주시민의 탄생은 교육을 통해서만 가능하다는 말이다.

광장과 현실의 나는 어떻게 분리되는가?

지난 겨울, 주말마다 광화문광장에 설 때면 나는 민주주의에 대한 신념으로 가득 찼다. 들뜬 마음에 낯선 사람들과도 즐겁게 눈인사를 나누고, 행여 왔을 것 같은 지인들에게 연락을 넣어보기도 했다. 광장에서는 누구나 갑론을박하며 자기 생각을 꺼낼수 있고, 누구나 그 이야기에 귀를 기울였다. 성숙한 시민들을 만나고 벅찬 마음으로 집으로 돌아왔다.

그러나 현실로 돌아오면 나는 다시 고독한 한 사람에 지나지 않았다. 일상의 동료들은 너무 바빠서 눈빛 교환도 하기 어려웠고, 내놓으라는 공문 더미와 결재 서류에 밀려서 질식할 것 같은 위기감을 느낀다. 아이들은 소통의 기본요소인 '듣기'조차 안되는 경우가 대부분이었다. 나는 거의 녹음테이프처럼 같은 말을 무한 반복해야 했고, 그러다 내 말에 귀 기울이지 않고 떠들며 방해하는 아이들 때문에 화가 나서 소리 지르는 자신을 발견하고는 움찔했다. 일주일에 닷새를 그렇게 살다가 토요일 하루 새 세상을 만난 듯 광장에 나가서 민주주의를 외치는 나는 누구인가? 너무나 분리된 두 세계를 동시에 살고 있는 듯했다.

그러나 나는 일상에서도 민주주의에 대한 신념을 나눌 수 있는 동료를 만나고 싶고, 학교를 민주주의가 살아 숨 쉬는 또 하나의 광장으로 만들고 싶다. 학교는 여전히 보수성을 띤 채 가장 늦은 속도로 변한다. 거기다 교사는 더 느리게 변한다. 그래서 누군가는 '학교에서는 미래를 살 아이들에게 현재를 사는 교사가 과거의 이야기를 가르친다'고 한 것이리라.

새 학기, 내가 맡은 사회과목에서는 사회적 이슈인 대통령 파면과 대선 국면이 아이들에게 살아 있는 민주주의교육이 되겠다 싶어서 교육과정을 재구성해 '정치' 단원부터 배우고 있다. '정당 만들기' 프로젝트 수업과 '민주주의'에 대해 모둠별로 아이디어를 내고 학습결과물을 만들어 발표한다. 발표한 내용에 대해 서로 묻고 답하며 생각을 키워가기도 한다. 교사로선 아이들이 결과물을 만들기까지 소통 과정에서의 소란스러움을 견뎌야 하는 고충이 있지만, 그것은 생산을 위한 '소란스러움'이라 여기고 기꺼이 참을 수 있다. 그런데 민주적인 수업 분위기가 되면 다른 이들의 말을 전혀 듣지 않고 그저 떠들기만 하는 아이들 때문에 힘들 때가 많다. 들을 때와 말할 때를 구분하지 못하고 떠들며 수업을 방해하는 아이들을 교사 권위로 제압하지 않고 어떻게 민주적으로 소통해갈지가 큰 고민이다. '원래 민주주의는 소란한 것'이라는 말을 떠올리며 이 과정이 민주주의 실천 과정이라 생각하려 애쓰고 있다.

그런 부분이 힘들기도 하지만 새 학기부터 야심차게 준비한 민주주의 수업에 많은 학생들이 나름대로 열심히 참여하고 있다. 하나를 건드리면 서너 개를 알아채고 PPT나 동영상을 만들어 감동을 주기도 한다. 선거를 배우는 과정에서 어떤 모둠은 즉석에서 색종이를 이어 붙여 어깨띠를 만들고, 연설문을 작성하고, 노래를 개사해 선거 홍보용 로고송을 만들기까지 했다. 이런 작은 활동과 실천들을 통해 아이들도 조금씩 민주주의를 배워 가리라.

한걸음 나아가는 민주시민교육

학교 현장에서의 민주시민교육은 아직 초보 수준이라 할 수 있다. 학교에 '민주시민교육'이란 용어가 들어온 것이 불과 5~6년밖에 되지 않았고 학교 문화는 여전히 권위적이다. 교사학습공동체에서 공부모임을 하거나 혁신학교에서 근무했던 경험 덕분에 스스로 민주시민교육을 수행하는 교사들을 자주 만나게 되는데, 이들은 대부분 40~50대 교사였다. 문득 이들이 모두 퇴직한 뒤에도 민주시민교육이 원활히 이루어질까 하는 생각이 들었다. 세대가 바뀌더라도 젊은 교사들이 민주시민교육을 이어갈 수 있으려면, 체계적이고 지속적인 연수를 통해 교사들의 주체적인 역량을 키워야 할 것이다. 학교마다 책임교사를 정해 모든 교과 수업에서 도움을 주는 것도 한 방법이다. 실제로 현장에서는 민주시민교육을 어떻게 해야 할지 구체적 방법을 알지 못하는 교사들을 위해 구체적으로 도움을 줄 수 있는 전문가(책임)교사를 원하고 있다.

내가 만난 교사들은 민주시민교육을 해나가는 과정에서 "나는 민주시민인가? 나는 민주적인 교사인가?"라는 자기 성찰을 통해 교사 스스로 민주시민이 되어가는 변화와 성장을 경험했다고 말한다. 민주시민교육을 하며 학생과 더불어 교사에게도 많은 배움이 일어났다고 고백했다. 수업에서 인권, 다양성, 자유, 평등, 노동, 평화와 같은 민주주의 가치를 수업하려면 교사가 먼저 자신의 삶에서 이를 실천하고 있는지 돌아보지 않을 수 없다. 학생들의 인권을 무시하는 교사는 인권수업을 할 수 없다. 사회적 약자에 대한 차별의식이 내재화된 교사는 평등이나 인권, 다양성을 논하기 어렵다. 타인의 노동에 대한 존경과 연민 없이 어찌 노동의 가치와 그 소중함을 이야기할 수 있을까.

모든 교사에게 학교는 고된 노동의 현장이므로 퇴근 후엔 그곳을 벗어나 쉬고 싶은 것이 당연하다. 그러나 민주주의가 공짜로 이루어지지 않듯이 교사도 민주시민교육을 제대로 하려면 비용을 지불해야 한다. 그 비용이란 시간을 내어 동료들과 함께 수업을 준비하고, 교사들끼리 사회적 논쟁도 해보며 몸소 민주시민교육을 학습해가는 과정을 뜻한다.

날마다 업무에 치이는 학교의 현실에서, 민주시민교육을 교사 개인의 노력에 기대기란 너무나 요원한 길임을 잘 안다. 교사 스스로 용기를 내야 한다고 당위를 앞세우기도 미안한 일이다. 몇 달 전, 광화문광장에 모인 전교조 전국여성위원회 교사들은 촛불집회에서 발언하는 학생을 보며 "교육의 힘이야. 민주시민교육을 잘해서 학생들이 저렇게 발언도 잘하고 생각도 깊은 거지"라며 흐뭇해 했다. "지금 청소년토론마당에서 발언하는 학생은 우리 학교 학생이야" 하며 자랑하던 대구에서 올라온 선생님 기억도 새록새록 난다.

촛불집회에서 학생들의 모습을 통해 고무된 교사들의 자부심과 민주시민교육의 필요성을 이어갈 수 있도록 민주시민교육진흥법 마련, 민주시민교육센터 운영, 민주시민교육 전담교사 배치가 어렵다면 기존의 수석교사 제도를 활용하여 민주시민교육을 할 수 있는 역량 있는 교사를 선발할 것을 촉구한다. 민주시민교육이 실제로 학교교육과정에서 이루어지도록 시스템과 지원 기반을 갖추어야 할 것이다.

민주주의에 대한 신념에 가득 찬 교사일지라도 혼자서 하는 민주시민교육은 너무 외롭고 힘들다. 그러나 민주주의란 혼자 열 걸음 앞서가기보다 여럿이 함께 한 걸음 나아가는 것이다. 그 과정에서 교사 스스로 의식을 변화하고, 마침내 실천으로 나아갈 수 있을 것이다.

어떤 면에서 교사는 '수업과 생활에서 민주주의라는 사회적 실천을 하는 사람'이라고도 규정할 수 있을 것이다. 아이들 곁에 가까이 있는 교사가 민주시민으로서 삶의 모델이 될 때 우리 사회의 민주시민교육은 더욱 진일보하리라 생각한다. 민주시민이란 궁극적으로 정치적 제도뿐만 아니라 모든 생활 영역에서 삶의 원리로써 민주주의를 실현해가는 사람을 뜻하기 때문이다.

(vol 110, 2017, 3-4)

교실에 정치가 꽃피게 하라

정치를 가르치되 정치와는 거리를 두라?

나는 사회교사다. 이 말은 학생들에게 정치를 가르쳐야 한다는 뜻이다. 비록 '국영수'만큼 대접받지는 못해도 주요 교과로 분류되는 사회과에서 가장 큰 비중을 차지하는 부분이 정치이며, 사회과 전체의 교육목표도 민주시민성 함양이기 때문이다.

그러나 우리나라에서 사회교사 노릇 제대로 하기란 쉽지 않다. '정치'라는 말이 마치 부정 타거나 살이 끼인 것처럼 쓰이고

권재원 _ 중학교에서 사회를 가르치고 있다. 《우리교육》 편집위원으로 활동하고 있으며, 실천교육교사모임 고문으로 후배 교사들을 돕고 있다. 『학교라는 괴물』 『거짓말로 배우는 10대들의 통계학』 같은 책을 썼다.

있기 때문이다. 교육이라는 순결한 영역에 정치가 끼어들면 에볼라 바이러스라도 침투한 것처럼 호들갑을 떨고, 온 나라가 정치 쟁점으로 들끓어도 교실만큼은 마치 딴 나라처럼 고요하기를 바란다. 정치적인 교사는 나쁜 교사로 취급받는다. 이럴 거면 아예 교육과정에서 정치를 빼든가 할 일이지, 정치를 가르치되 정치와는 거리를 두라고 하니 당최 뭘 하라는 것인지 알 수 없다.

사정이 이렇다 보니 우리나라 사회교사들은 '실제 정치'가 아니라 '교과서용 정치'를 가르친다. 교과서에서는 주로 다른 나라 정치 혹은 추상적인 정치를 다룬다. 시민혁명은 저 옛날 유럽에서 있었던 일이고, 민주주의는 저 고대 아테네의 정치이며, 여론정치, 시민참여정치는 추상적인 정치모델 순서도의 한 칸일 뿐이다. 우리나라 정치 교과서는 주로 정부의 조직과 기능을 중심으로 마치 전자제품 매뉴얼처럼 나와 있다. 이미 30년이 더 지나 역사로 자리 잡은 5.18이나 6.10 같은 민주화운동조차 수업시간에 다루기가 꺼려지는 것이 우리나라 정치교육의 현실이다.

엉터리 정치교육을 거부하며

그래서 나는 엉터리 정치교육을 거부하며, 사회과 교육목표에 따라 제대로 된 정치교육을 추구해왔다. 교육의 '정치적 중립성'을 보장받기 위해서 지금 이 땅에서 일어나고 있는 정치적 쟁점을 수업시간에 다루었다. 사실 특정한 당파나 정치집단의 이익과 권력을 위해 특정한 내용을 다루는 것뿐 아니라, 다루지 않는 것 역시 교육의 정치중립을 위배하는 행위이다. 어떤 쟁점, 어떤 사건이 마치 없었던 일처럼 묻히기를 바라는 정치집단이 분명히 존재하기 때문이다. 인정할 수 없다. 수업시간에 무엇을 다룰지, 혹은 다루지 않을지 결정하는 주체는 교사이며, 그때 교사가 사용하는 기준은 교육학적 근거다.

좋다. 나는 교육 전문성이 있다고 자부하는 사회교사, 심지어 그 전문성으로 전국에서 다섯 손가락 안에 든다고 자처하는 사회교사다. 그래서 정치적 쟁점을 터부시하지 않고, 오히려 수업시간에 더 적극적으로 다루고 있다. 그게 정치교육이다.

그런데 여기서 빠지기 쉬운 함정이 있다. 수업시간에 다루는 '내용'이 정치교육의 수준을 결정한다고 믿는 것이다. 그러나 중요한 것은 그 내용이 아니라, 그 내용을 다루는 '방식'이다. 정치교육이란 이익이나 가치가 충돌하는 상황에서 공공의 이익을 위해 서로 만족할 수 있는 지점을 찾아가는 합의와 조정 능력을 길러주는 것이지, 특정 당파의 입장에 대해 배우는 것이 아니기 때문이다.

급진적인 학생 인권론자인 교사가 학생이 교사와 동등한 위치에 서야 한다는 내용에 대해 일방적인 강의로 전달하고, 그럼에도 위아래는 있어야 하지 않느냐는 반응을 보이는 학생을 한심한 모범생처럼 흘겨보는 장면을 상상해보라. 경천동지할 급진적 내용을 다룬다 할지라도 교사가 일방적으로 전달하는 수업이라면 이는 정치교육이 아니라 정치선전이며, 학생들에게 독재를 가르치는 것이다. 교사가 이미 어떤 올바름을 전제하면, 학생들에게는 이익과 가치가 충돌하는 상황에서 합의하고 조정해나가는 과정, 즉 정치를 배울 기회가 사라진다.

정치교육을 제대로 하려면 정치에 대해 말로 설명하는 것이 아니라 학생들에게 정치를 시켜야 한다. 그 어떤 정치도 멍하니 남의 강의를 듣고 요점을 정리하는 활동으로 이루어지지 않는다. 정치를 이루는 기본적인 행위는 논쟁과 합의, 그리고 의사결정이다. 따라서 나의 정치수업은 거의 대부분 논쟁으로 이루어진다. 물론 이 논쟁은 상대방을 논파하여 이기려는 논쟁이 아니다. 서로 다른 생각을 가진 사람과 논쟁하는 과정 속에서 적절한 해법을 찾는 경험을 해보기 위한 논쟁이다.

정치, 재미있게 가르치는 법

사실, 말은 쉬운데 현실은 그렇지 않다. "이제부터 논쟁합시다" 한다고 해서 학생들이 느닷없이 논쟁을 하고 조정을 하지는 않는다. 한 반을 열여섯 명씩 두 그룹으로 나누어 논쟁을 시키면 어떻게든 논쟁이 진행되기는 한다. 그런데 가만히 보면 각 그룹당 많아야 서너 명이 논쟁에 참여하고, 나머지는 모두 응원부대이거나 무관심한 관객이다. 대부분의 학생들에게 논쟁 수업은 유머감각 있는 교사가 펼치는 일방적인 강의보다 더 재미없고 지루한 수업이다. 이쯤 되면 교사는 불안해진다. 피 같은 수업시간을 논쟁에 할애했는데 얻은 것이 서너 명의 말재주 경연과 스무 명의 수면 보충이라면 너무 허무하다. 그러나 논쟁 수업은 대개 이렇게 되기 쉽다.

이런 모양이 되지 않으려면 우선 논쟁할 쟁점부터 제대로 골라야 한다. 학생들이 활발하게 논쟁하면서 정치과정을 경험할 수 있으려면, 학생이 흥미를 가지고 참여할 만한 쟁점을 제시해야 한다. 그런데 교내에 국한된 쟁점을 선택하면 의외로 논쟁이 썰렁해진다. 예컨대 '교복과 사복' '체벌은 필요한가?' '치마 길이 단속해야 하나?' 같은 쟁점이 그렇다. 너무 가까이에 있는 쟁점들은 논쟁을 흥미롭게 만들지 못한다. 호기심을 자극하지 않기 때문이다.

사회적으로 논란이 되고 언론에서도 계속 문제가 되며 여러 집단이나 세력의 가치 혹은 이해관계가 얽혀 있어서, 그야말로 정치적인 논쟁을 통한 해결이 필요한 쟁점, 학생들이 자신의 시야를 넓혔다고 느낄 수 있는 쟁점이 논쟁을 더 활발하게 만든다. 실제로 나는 해마다 천성산 관통 터널 공사, 새만금 물막이 공사, 한미FTA, 4대강 개발사업, 공군 비행구역 롯데 초고층 빌딩 건

설, 컴퓨터 게임 셧다운 제도, 진주의료원 폐쇄 같은 쟁점들, 정치권에서 가장 핫한 이슈를 선택해서 수업 시간에 다루었다. 만약 지금 정치 수업을 하라고 하면 학생인권조례 재개정 문제, 한국사 교과서의 국정교과서화, 밀양 송전탑 문제, 수서 KTX 별도 공사 설립 문제와 같은 쟁점을 다룰 것이다.

이런 쟁점들은 신문이나 뉴스에서 많이 봤기 때문에 학생들이 흥미를 가지고 있으며, 또 학생들이 일상적으로 접하는 것이 아니기 때문에 논쟁을 하려면 조사하고 탐구해야 할 필요가 있고, 또 찬성과 반대 양측이 나름의 논리가 있어 논쟁을 통해 조정할 필요가 있는 쟁점들이다. 문제는 이런 쟁점들은 그것들을 수업시간에 다루는 것만으로도 교장을 노심초사하게 만들 수 있다는 것이다. 심지어 걸핏하면 교육부에서는 특정 주제로 수업하면 징계하겠다는 협박성 공문을 날린다. 예를 들면, 밀양 송전탑 문제를 수업시간에 다루어야겠다고 선택하는 것 자체가 이미 정치적으로 민감하며 상당한 용기를 요구하는 선택이다. 설사 그 교사가 한국전력의 주장을 지지하여 밀양 주민들이 농성을 풀고 공사를 재개해야 한다고 믿는다 하더라도, 이를 수업 시간에 다루었다가는 우익 단체의 테러 대상이 될 수도 있다.

어쨌든 용기를 내서 이런 쟁점을 선택했고, 또 교장, 교감을 잘 설득하거나 그들의 압력 혹은 징계 협박을 물리쳤다고 치자. 그런데 이번에는 학생들이 속 썩인다. 때로는 논쟁이 엉뚱한 방향으로 흘러간다. 아니, 대부분의 경우 학생들의 논쟁은 엉뚱한 방향으로 흘러간다. 십중팔구 학생들은 논쟁이 아니라 서로 말꼬리를 잡고 말다툼을 한다. 따라서 논쟁의 방향을 잘 잡기 위해서는 사회자의 역할이 매우 중요한데, 이게 교사의 역할이다. 이 역할이 그리 쉬운 것은 아니다. 적극 개입해 학생들의 논쟁 방향을 잡아주는 것이 오히려 쉽지, 논쟁에 뛰어들고 싶은 욕구를 억누르는 것은 가장 어려운 교사의 역할이다. 특히 교사 생각과 반대되는 쪽에서 학생들의 합의점이 형성되어간다고 느끼면 입술이 바짝 마를 정도로 초조해진다. 예를 들어 밀양 송전탑 문제로 논쟁을 할 때, 교사는 지중케이블을 설치하거나 송전탑 공사를 백지화해야 한다고 생각하고 있는데, 학생들은 밀양 주민들이 한전에서 주는 보상금을 받고 송전탑 공사를 받아들여야 한다는 결론으로 치달아가고 있다면 어떻게 해야 할까? 많은 교사들이 이런 상황에서 자신이 옳다고 믿는 쪽으로 결론이 나도록 유도하고 싶은 유혹에 빠진다.

그러나 정치교육을 제대로 하려면 이런 유혹과 맞서 싸울 용기, 자신의 신념을 기꺼이 포기할 용기가 필요하다. 이 관문을 넘지 못하고 그만 자신의 당파성을 학생에게 주입해버리는 성급함을 드러낸다면, 이는 정치교육이 아니라 정치선동이며, 특히 자신이 진보적이라고 믿는 교사라면 더더욱 이율배반적인 행위를 하는 게 된다. 나 역시 학생들의 논의가 엉뚱한 방향에서 결론을 내리는 상황을 자주 겪었다. 그때마다 속은 쓰리지만 학생들의 선택을 존중했다. 결론 그 자체보다는 논쟁과 조정을 통해 결론에 도달해보는 경험이 더 중요하기 때문이다.

　사실 가장 답답한 상황은 토론이 겉도는 것이다. 문제의 핵심과 사실관계를 전혀 짚지 못하고 엉뚱한 변죽만 늘어놓거나, 서로 당위적인 주장만 하면서 평행선을 그리는 경우다. 이는 학생들이 논쟁에 필요한 충분한 자료와 정보를 갖추지 못했거나, 이 쟁점을 충분히 체득하고 느끼지 못해 일어나는 현상이다. 자료와 정보가 필요한 이 문제는 바로 논쟁에 들어가기 전에 쟁점을 확인하고 자료를 수집하는 시간을 따로 확보함으로써 해결할 수 있다. 논쟁을 위한 준비시간을 때로는 두 시간 이상 확보하기도 한다. 학생들이 쟁점에서 서로 부딪치는 핵심이 무엇인지 파악하고, 쌍방의 주장을 정당화하는 논리와 근거를 찾아서 정리해두면 논쟁이 겉돌지 않고 팽팽하고 흥미진진하게 진행된다.

　또 하나 정치수업에서 발생하는 문제는 학생들이 쟁점을 자기 문제처럼 느끼지 못하는 경우다. 자기 문제처럼 느끼고 이해하지 못하는 쟁점은 흥미가 떨어질 뿐 아니라 진지한 논의 대상이 되기도 어렵다. 자료가 아무리 많아도 소용없다. 학생들이 통계자료나 논리적인 글, 언론 보도 자료만 가지고 어떤 문제를 생생하게 느끼고 이해하기란 거의 불가능한 일이기도 하다. 학생뿐 아니라 성인도 마찬가지다. 숫자만 들이대면 머리를 싸안고 도망가는 것이 일반적인 모습이다. 그들이 무지해서가 아니라 인간의 두뇌 자체가 원래 수치화된 자료보다 이야기를 통해 현상을 이해하도록 되어 있기 때문이다. 이는 나치의 참상을 이해하기 위해서는 아우슈비츠의 사망자를 상세하게 밝힌 도표보다 〈소피의 선택〉이나 〈인생은 아름다워〉 같은 영화를 보는 게 훨씬 효과적이라는 사실로도 충분히 입증된다.

나는 학생들에게 쟁점과 관련한 서사물을 만들게 해서 스스로 쟁점을 체득하고 느낄 기회를 제공한 뒤 논쟁을 시킨다. 이를 위해 연극 활동을 많이 활용했다. 예를 들어 밀양 송전탑 건설에 찬성하는 편을 맡은 학생들이라면 왜 송전탑 건설을 해야 하는지, 하지 않으면 어떤 문제가 발생하는지를 연극으로 만들어보게 하는 것이다. 논쟁을 할 때는 멍하니 있던 학생들이 연극을 만들 때는 활발해지면서 뜻밖의 끼를 보여주는 경우가 많다. 이건 좋다. 하지만 반대로 논쟁을 할 때는 논리 정연하게 잘하던 학생들이 연극에는 쭈뼛거리거나 수줍어한다. 끼 있는 학생과 스마트한 학생이 따로 있는 것이다.

나는 연극과 논쟁을 결합해서 이 문제를 해결했다. DIE-논쟁 학습이 바로 그런 수업이다. 이 수업은 학생들을 현재 사회적으로 논란이 되고 있는 쟁점에서 논쟁의 양 당사자 집단으로 나눈다. 그리고 이렇게 나눈 두 집단을 다시 논쟁 준비조와 연극 준비조로 나눈다. 스마트한 학생들은 자신들이 담당한 측의 주장을 정당화하기 위해 쟁점과 관련된 자료를 수집하고, 논리를 설정하며, 논쟁을 준비한다. 끼 있는 학생들은 관련 사례들을 이야기로 꾸미고, 배역을 맡고 연극을 준비한다.

연극 제작이 끝나면 논쟁의 양측은 서로 준비한 연극을 보여주면서 자신들의 견해가 옳음을 보여주고, 공연이 끝나면 논쟁조가 전면에 나서서 토론을 진행한다. 이때 논쟁조 역시 쟁점의 당사자 역할을 맡은 상태에서 토론해야 한다. 예를 들어, 진주의료원 폐쇄에 대한 찬반 논쟁이라면 찬성측 학생들은 경남도지사, 도의원의 역할을 맡아서 토론하고, 반대측은 복지부장관, 시민단체의 역할을 맡아서 그 사람들이 된 것처럼 그 사람들의 입장에서 발언하고 토론한다. 이렇게 쟁점의 당사자에 이입된 상태에서 벌이는 논쟁은 해당 쟁점을 자신의 것으로 느끼게 하기 때문에, 실제로 살아 있는 논쟁을 하게 된다. 그리고 그 살아 있는 논쟁의 결과가 바로, 살아 있는 정치 경험이 되는 것이다. 그 밖에도 만화 그리기, 각종 모의 협의회나 모의 재판 같은 활동 역시 살아 있는 정치 경험을 제공할 수 있는 좋은 수업들이다.

교실에서 정치적 중립성을 지키는 법

나는 이렇게 정치적으로 민감한 쟁점들을 주로 선택하여 정치교육을 능동적으로 해왔다. 중요한 것은 이 과정에서 단 한 번도 해당 쟁점에서 내가 어떤 쪽을 지지하는지 밝히지 않았다는 점이다. 교사가 그것을 미리 밝히거나 드러내는 순간, 이미 불공정한 논쟁이 되어버리기 때문이다. 물론 교사는 특정한 정치적 당파성을 가지고 있을 수 있으며, 마땅히 그러해야 한다. 나 역시 그렇다.

그러나 교사는 자신의 정치적 당파성에 입각하여 학생들을 이끌고자 하는 유혹과 싸워 이겨야 한다. 역설적이게도 이 유혹과 싸워 이길 수 있는 힘은 교사의 활발한 정치활동 경험에서 비롯된다. 정치활동을 많이 할수록 서로 다른 관점과 견해를 조정하고 인정하는 태도를 습득할 수 있기 때문이다. 정치활동의 경험이 부족한 교사는, 서로 다른 신념이 부딪칠 때 이를 조정해본 경험이 부족해서 자신의 정치적 당파성에 치우친 수업을 할 가능성이 크다. 교육의 정치적 중립을 지키기 위해서라도 더 적극적인 교사의 정치활동이 필요한 까닭이다.

(vol 91. 2014. 1-2)

수학에 스며든 시민교육

수학을 포기하는 이유가 '분수' 때문이라고?

교육 뉴스를 보다가 아이들이 수학을 포기하는 이유가 '분수' 때문이라는 분석을 보았다. 과연 분수가 수포자의 원인일까? 만약 그렇다면 말이 없는 분수는 너무 억울할 것 같다. 사실 비례를 나타내는 분수 개념이야말로 수의 처음이자 끝이고, 세계를 이루는 근본이다. 비례는 곧 관계를 나타낸다. 아울러 분수 개념은 평등 논리와도 닿아 있으며, 분수를 공부하는 과정에 시민성 교육

함영기 _ 중학교에서 사춘기 아이들을, 대학에서 예비교사들을 가르쳤다. 교사 공동체 교컴 대표를 거쳐 현재 서울시교육청교육연수원 원장으로 재직하고 있다. 『통하는 학교, 통하는 교실을 위한 교사 리더십』 외 여러 권의 책을 썼다.

이 녹아들게 할 수도 있다. 물론 분수를 가르치면서 '이것은 시민성 교육의 일환'이라고 학생들에게 직접 말하는 것은 별로 좋지 못한 교수법이다.

시민교육을 어떤 수업 절차와 방법으로 정형화할 수는 없으며 수학교과에서 시민교육 모형을 개발하려는 시도는 적절하지 않다. 수학수업과 시민교육을 결합하는 데는, 통념적인 이질감을 넘어서는 내적 논리와 자연스러움이 필요하다. 마침 얼마 전에 '민주시민교육을 수학과에서 어떻게 할 것인지 고민이 된다'는 글을 본 적이 있어, 내가 현장에 있을 때 했던 수업을 소개하고자 한다. 이 문제를 함께 고민하며, 수학의 합리성과 사회적 정의를 동시에 고민하는 것도 필요하겠다.

분수와 합리적 나눔

분수를 공부할 때 나는 학생들에게 이런 질문을 던진다.

"여기 피자가 한 판 있어요. 그런데 먹을 사람이 두 명이군요. 공평하게 나눠 먹으려면 한 명이 얼만큼 먹어야 할까요?"

아이들은 "반이요, 1/2이요"라고 어렵지 않게 답을 한다. 그런데 반, 1/2 정도로 분수의 개념을 알아내기에는 아직 충분하지 않다. 그래서 질문을 슬쩍 바꾼다.

"자, 이번엔 피자가 두 판입니다. 그런데 사람은 세 명이네요.

어떻게 나눠 먹어야 공평할까요?"

잠시 고민하던 학생들은 여러 답을 제시한다. "가위 바위 보를 해서 이긴 사람이 나누는 방법을 정하게 하자" "먼저 두 사람이 한 판씩 차지하고 나머지 한 사람에게 적당히 나누어주자" 등등 다양한 답이 나온다. 사실 이 과정을 반복하다 보면 결국 한 사람에게 돌아가는 피자의 양은 같은 양으로 수렴한다. 이런 과정은 시행착오인 듯 보여도 분수(유리수)의 개념과 관련하여 상당히 중요하다. 결국 다음과 같은 답도 나온다.

"한 판을 먼저 셋으로 나누어(1/3) 먹고, 나머지 한 판을 셋으로 나누어(1/3) 먹으면 됩니다."

"한 사람에게 돌아가는 피자의 양은 1/3+1/3=2/3 이라는 거지요? 아주 괜찮은 방법이군요."

여기에 분수가 생긴 근원적 이유가 있다. 분수라는 말은 본시 '합리적 나눔'을 위한 것이다. 분수를 수학적으로 나타내는 다른 말 '유리수有理數'는 이치理가 있는有 수數이다. 정수의 비례로 나타낼 수 없는 수는 무리수無理數라 한다. 교사는 이런 말을 보태어 이해를 도울 수 있다.

"합리적 나눔은 사람들이 싸우지 않고 평화를 이루는 좋은 방법입니다. 만약 나눔(분수, 유리수)이 없었다면 힘센 사람이 늘 먹을 것을 독차지했을 테니 싸움이 끊이지 않았겠지요? 그래서 유리수를 배운 사람과 배우지 않은 사람의 차이가 생깁니다."

인간의 얼굴을 한 수학

유리수의 '유리Rational'는 '합리적인' '비율로 나타낼 수 있는(분자 분모를 사용하여 분수로 쓸 수 있는)'이란 뜻을 가지고 있다. 분수로 표현할 때는 분모와 분자를 사용하고, '분모로 분자를 나누는 것'이라 약속한다. 그런데 분모에 0이 있으면 나눌 수 없으니 분모가 0인 경우는 제외한다. 인류가 분수를 쓰면서 합리적 나눔의 방법이 발달하기 시작했다.

여기까지는 학생들이 처한 개별적인 조건을 고려하지 않은 나눔이었다. 그래서 때로 '합리적'이란 말은 다른 조건을 배제한 '기계적 평등'을 의미할 때도 쓰인다. '합리적 공리주의' 같은 말 역시 같은 맥락인데, 각자가 처한 특수한 상황들보다 최대 다수가 누려야 할 공평한 혜택에 더 주안점을 두기 때문이다. 그런데 사회진화 과정에서 계층이 분리되고 격차가 발생하는 등 개인이 처한 상황이 매우 다양해졌다. 위에서 예시한 '피자 공평하게 나누기'는 개인이 가진 역량과 조건이 동등하다는 것을 전제로 한다. 이 예는 균등한 나눔의 과정을 통해 수학적 개념을 쉽게 익히는 좋은 사례일 수 있으나 우리 사회의 현실 상황에 그대로 적용하기는 힘들다. 이제 학생들이 처한 상황에 맞게 질문을 바꾸어야 할 차례다.

"이번에도 피자 두 판을 세 사람이 나누어 먹어야 합니다. 그런데 이 중 한 사람은 이미 식사를 든든하게 한 사람이고, 한 사람은 하루를 굶은 사람입니다. 그리고 나머지 한 사람은 지금까지 피자를 먹어본 경험이 없는 사람입니다. 어떻게 나누어야 공평할까요?"당장 여러 반응이 나올 것이다. 제일 먼저 "이게 무슨 수학이냐?"라는 반론을 예상해볼 수 있다. '수학의 본질을 해치는 위험한 접근 방식'이라는 항의도 있을 것이다. "이 문제는 답이 하나로 딱 도출되지 않기 때문에 엉터리다"라는 지적도 나올 수 있다. 과연 이 문제는 수학의 본질을 해치는 문제이며, 하나의 정답을 찾을 수 없기 때문에 엉터리일까?

이런 문제를 학교 시험문제로 출제하면 어떤 일이 벌어질까? 아마도 공정성, 타당성, 신뢰성이 보장되지 않는 문제로 출제 단계에서 부적격 판정을 받을 가능성이 크다. 그러나 이 문제가 학생들의 모둠토론 과정을 통한 협력적 문제해결 과제로 주어질 땐 상황이 달라진다. 위 문제에 더하여 다음 사항을 조건으로 준다고 생각해보자.

"모둠 토론을 통해 위 문제에서 가장 정의롭게 나누는 방법을 정하고 그렇게 나눈 근거를 제시해봅시다."

학생들은 토론을 거치면서 이미 식사를 든든하게 한 사람, 하루를 굶은 사람, 한 번도 피자를 먹어보지 못한 사람이라는 조건에서 사회적 의미를 발견한다. 왜 우리가 사는 사회에는 이렇듯 세 사람만 모여도 다른 차이들이 발생하는 것일까. 개인이 잘못

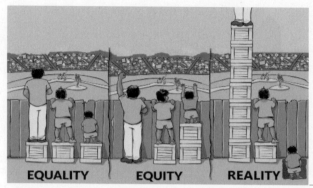

EQUALITY   EQUITY   REALITY

공정한 평등,
정의로운 평등

해서 생긴 차이일까, 부모가 원인일까, 아니면 뭔가 분배 시스템에 문제가 있는 것일까 등에 대한 토론이 이어질 수 있다. 나중에 공동의 모둠별 답안을 작성할 때 이런 고민과 토론의 결과를 정리하여 근거로 제시할 수 있다.

그러고 보니 우리가 해왔던 수학은 늘 '모든 조건은 동등하다'는 전제에서 출발했고, 오히려 조건을 가능한 배제하고 순전히 수학적 셈만으로 해결하는 것을 당연하게 생각해왔다. 그런데 학생들이 살아가는 현실세계는 전혀 그렇지 않다.

위의 그림 맨 오른쪽은 말 그대로 '현실reality'이다. 현실에서 발판이 전혀 없는 아이가 야구 경기를 볼 가능성은 없어 보인다. 이런 초기 조건의 차이를 사회학에서는 '경제적 재생산'이라 부른다. 우리에게 익숙한 말로는 '금수저, 흙수저'가 있다. 이러한 차이를 보정하기 위해 기회를 '균등'하게 보장해주어야 한다는 논리가 등장했다. 다른 말로는 '출발점을 같게 해주어야 한다'는 것이다. 그것이 왼쪽의 평등equality 개념이다. 그런데 출발점을 같이 제공해 주었음에도 현실은 전혀 개선되지 않는다.

다시 가운데 그림을 보자. 이제 각자에게 지원해줄 양과 질을 다르게 해줌으로써 결과적으로 세 명 모두 야구를 즐길 수 있게 됐다. 왼쪽이 기회균등 수준에 머물렀다면 가운데는 '공정하고 정의로운 평등' 개념이다. 이 과정은 수학이 아닌 것처럼 보이지만 '인간의 얼굴을 한 수학'이다. 바로 '사회정의를 위한 수학교육'의 일환이다. 답이 하나가 아니라는 발상, 수학의 답이 숫자가 아닌 문장일 수도 있다는 열린 생각이 필요하다.

그렇다고 해서 위의 예시처럼 '합리적 나눔'의 첫 과정을 소홀히 할 수 없다는 것은 여전히 고민이다. 시작부터 다른 조건에 처한 상황을 제시하고 토론을 유도하면 자칫 기본적 수리력을 갖추지 못한 상태에서 불평등이 주는 문제의식에만 치우칠 수도 있다. 교사는 이 문제를 다룰 때 사려 깊게 접근해야 한다.

시민교육은 특별하지 않다

이외에도 수학교과에서 다룰 수 있는 시민교육의 소재들은 많다. 학생들이 좋아하는 야구 경기에도 여러 가지 수학 개념과 원리가 모여 있다. 알다시피 야구는 통계를 기반으로 하는 스포츠이다. 야구 경기는 수십 가지의 통계와 규칙으로 이뤄지며, 경기 중에도 수학적 원리에 따라 실시간으로 통계가 바뀌는 흥미로운 스포츠다. 야구에선 양 팀이 가지고 있는 객관적 전력에 따라서만 승부가 나지 않는다. 그날그날의 작전과 선수 선발·교체 시기, 장타를 지시할 것이냐 번트로 출루시킬 것이냐 등에 대한 순간적인 판단이 어우러져 양 팀의 숨 막히는 승부가 펼쳐진다. 야구 경기에 숨은 수십 가지의 통계 데이터, 이 데이터가 만들어지는 방식, 그리고 수많은 규칙들과 공정한 심판 등은 사회적 정의에 입각한 수학학습 소재로 활용할 수 있다.

수학은 문화재 속에 숨어 있는 아름다운 비례의 원리, 사회 현실에 그대로 적용할 수 있는 함수와 그래프, 놀이기구에 적용된 기하의 원리 등 삶과 밀접한 연관을 가진다. 그리고 이것을 기계적인 평등이 아니라 현실에 가깝게 조건화할 때, 학생들은 사회정의를 위한 수학공부에 한걸음 다가설 수 있게 된다.

소재와 내용뿐만 아니라 수학시간의 운영 방법 역시 시민교육의 중요한 요소가 된다. 교사가 구사하는 언어와 의사소통의 방식, 수업 진행과정, 학생들 간의 차이를 다루는 방식은 교사의 시민적 소양을 반영한다. 교사의 시민성은 흔히 수학에서 추구하는 '논리'와 '합리성' 이상의 의미를 갖는다. 교사의 지식, 경험, 소양이 수업 방식에 그대로 녹아들고, 이는 학생들의 수학적 이해와 시민적 소양을 동시에 촉진하게 된다.

모둠토론식 참여수업을 하는 목적은 단지 생각을 모아 문제를 해결하는 것만이 아니다. 학생들은 참여수업에서 토론과 의사결정, 공동체 의식의 준수, 사회참여와 자치 역량을 기른다. 이 모든 과정은 물 흐르듯 자연스러워야 한다. 교사 입장에서 수학교육을 통한 시민교육을 과잉 의식하게 되면 수업이 부자연스러워진다.

시민교육은 특별한 것이 아니다. 교과를 공부하는 중에 알게 모르게 스며들어 체화되는 시민성을 추구하는 것, 이것이 '교육과정에 녹아든 시민교육'이다. 특별한 절차와 방법에 따라 '독특한 무엇'으로 만들려는 시도가 실은 교과와 시민적 소양의 연결을 방해한다. 중요한 것은 단순한 수학지식의 전달을 넘어 '수학적 원리와 사회적 현상을 연결하려는' 교사의 안목이다.

(vol 123. 2019. 5-6)

촛불혁명,
학교에서 완성될 수 있을까

고등학생들, 무시로 정치를 말하다

2017년 3월 10일 헌법재판소의 결정으로 대통령직에서 파면된 박근혜 전 대통령이 법원의 영장실질심사를 거쳐 20여 일 만에 구속되었다. 헌정 사상 처음인 이 일은 겨우내 광장을 뜨겁게 달궜던 천오백만 촛불의 힘이 일궈낸 소중한 결실이다. 기성세대가 4월 19일과 5월 18일, 6월 10일을 기억하듯이 청소년들에게는 3월 10일이 민주주의의 역사적 사건으로 길이 남을 것이다.

서부원 _ 광주 살레시오고등학교에서 한국사를 가르치고 있다. '교사는 가르치고 아이들은 배우는 것'이 교육인 줄 알았다가, 뒤늦게 '아이들이 나의 스승'이라는 걸 깨달았다고.

'촛불광장'은 대학입시에 찌들어 사는 고등학생들의 입에서 '민주주의'라는 낯선 단어를 무시로 튀어나오게 만들었다. 무소불위의 대통령이 촛불의 힘에 의해 파면되고 마침내 구속되는 전 과정을 지켜보며 자연스럽게 민주주의를 체득한 것이다. 광장이 학교였고, 촛불이 교과서였다. 자신들의 인생을 통틀어 이보다 더 큰 배움의 시간은 없었다고 한다. 그러면서도 학생들은 '누구나 죄를 지으면 처벌 받는다'는 상식이 비로소 통하게 됐다는 데 만족하지 않았다. 촛불집회가 권력 앞에 움츠러들지 않는 '배짱'을 키워주었다면서, 앞으로 어떤 권력자도 '깨어 있는 시민들의 조직된 힘'을 무시할 순 없을 거라 말했다. 한 나라의 국민은 그들의 수준에 맞는 지도자를 갖는다고 했으니, 앞으로 우리에게도 멋진 지도자가 나타날 것이라고 너스레를 떨기도 했다.

나는 '촛불세대'라 불리는 이들이 꿈꾸는 세상이 궁금해졌다. 내친 김에 수업이 끝나고 몇몇 학생들과 얘기를 나누어보았다. '대통령 퇴진'이라는 광장의 요구는 관철되었지만 단지 시작이자 필요조건일 뿐이라고 이구동성으로 말하는 그들 앞에서 "새로 뽑힐 대통령에게 바라는 점이 있느냐"며 말문을 열었다가, 대번에 "대통령 한 사람 바뀐다고 세상이 달라지느냐"며 되레 면박을 당하기도 했다. 그들은 미래를 낙관하면서도 냉혹한 현실을 인정하고 경계했다. 어른들은 정치인들만 잘 뽑아놓으면 세상이 저절로 좋아질 거라는 착각 속에 사는 것 같다면서 국민적 관심이 오로지 차기 대선으로 쏠리는 걸 지적했다. 선거일 단 하루만 주권자가 되는 현실을 꼬집은 것이다. 정권이 교체되면 민주주의가 무너졌던 지난 10년보다야 나빠질 리 없겠지만, 그렇다고 대선주자들마다 호언장담하는 '새 시대'가 곧 찾아올 거라는 섣부른 기대는 없다고 잘라 말했다. 광장에서 국민의 목소리가 끊임없이 메아리칠 때라야 비로소 '새 시대'의 변화가 시작될 수 있음을 촛불을 통해 깨달은 셈이다. 섣부르지만, 천오백만 촛불과 함께 광장에 우뚝 선 '청소년 혁명'이라는 깃발이 시나브로 학교 울타리 안에서도 펄럭일 분위기가 감지되었다. '범생이'들조차 조심스럽게 제 목소리를 내고 있으니 말이다. 그들은 자신들이 생각하는 '새 시대'에 대해 구체적으로 언급하기 시작했다.

"대통령이 물러나면 우리 학교는 뭐가 바뀌나요?"

당장 그들의 관심은 '학교'였다. '촛불혁명'이 학교의 변화로 이어져야 한다고 입을 모았다.

얼마 전, 한 학생이 이런 질문을 했다. 지난겨울 촛불집회에 줄곧 참여했던 친구였다. "박근혜 대통령이 물러나면 우리 학교는 뭐가 바뀌나요?" 순간 뜨끔했다. 대통령 물러나라며 주말마다 차디찬 아스팔트 위에서 촛불 들고 구호를 외치는 그 열정과 노력의 반의반만이라도 학교 개혁에 관심을 가져달라는 말로 들렸기 때문이다.

그의 말마따나, 대통령이 물러나면 학교는 어떻게 바뀔까. 아니 바뀌기는 할까. 기실 학생인 그가 바라는 학교와 교사인 내가 원하는 학교의 모습은 별반 다르지 않을 것이다. 그러나 민주주의를 체득하며 정직한 시민을 길러내는 공간이자, 교사와 학생이 가르침과 배움을 주고받으며 서로를 성장시키는 공동체라는 학교의 이상은 예나 지금이나 요원하기만 하다.

학교는 학벌을 향한 무한 경쟁과 과도한 학습 노동, 극심한 서열화와 양극화, 비민주적인 학교 운영 등 더께로 가득하다. 완고하다 못해 철옹성 같다. 대체 어디서부터 손을 대야 할지 막막할 지경이다. 정권이 바뀔 때마다 교육개혁이 공약의 맨 윗자리를 차지했지만, 매번 흐지부지됐고 되레 퇴행하기도 했다. 그러다 보니 이젠 교육개혁이라는 당위를 학생들조차 양치기 소년의 거짓말쯤으로 여기고 있다.

질문을 던진 그 학생 역시 우리나라 고등학교의 변화를 기대하느니 천지가 개벽되기를 바라는 편이 낫다고 비아냥거렸다. 조변석개하는 입시제도와 개정된 교육과정을 숱하게 경험했지만, 자신들은 그때마다 '실험 대상자'였을 뿐, 학교생활은 나아진 것이 없다며 쓴웃음을 지었다. 그 앞에서 차마 맞장구치지는 못했지만, 교사라고 다르랴.

그는 승자독식의 사회구조보다 더 중요한 원인으로 학생과 교사 모두 깊은 무력감에 빠져 학교의 변화를 스스로 이끌어낼 만한 힘이 없는 거라고 했다. 언제부터인지는 모르지만, 학교가 외부의 자극이나 압력 없이는 좀처럼 움직이지 않는 '좀비'가 돼버렸다는 것이다. 이 깨달음은 그가 촛불집회에 참여하면서 얻게 된 소득이라고 말했다. 민주주의를 가르친다는 학교조차 상하 위계적인 권력 관계로 유지되는 조직일지도 모른다는 생각을 했단다. 교장은커녕 담임 앞에서조차 주눅이 들어 불평 한 마디 꺼내지 못하면서, 광장에서는 최고 권력자인 대통령의 퇴진을 목 터져라 외치는 자기 모습이 조금은 지질하게 느껴지기도 했단다. 용기라기보다 객기일 거라고 쭈뼛거리면서.

듣고 보니 교사인 나도 하등 다를 바 없었다. 학생인 그가 대통령보다 담임교사를 더 두려워하듯, 대통령보다 눈앞의 학교장이 훨씬 더 어려운 존재라는 건 교사 또한 마찬가지다. 대통령의 독재에는 당당히 맞서도, 직장 상사의 비행 앞에서는 눈감고 마는 기성세대의 비루함이라고나 할까. 일방적인 지시와 이행이라는 권력 기제가 교육이라는 이름으로 행해지는 곳이 학교일진대, 그의 깨달음은 옳다. "'왜'라는 질문이 말대꾸로 치부되고, 시키면 시키는 대로 해야 하는 곳이라면 무력감에 빠질 수밖에 없고, 결국 윗사람 눈치 보고 명령만 기다리게 되겠죠. 학교도 별로 다르지 않다고 생각해요. 누군가 용기내서 쌤의 지시에 토라도 달라치면, 애들끼리 뒤에서 수군대기 일쑤죠. '의미 없다'거나 '계란으로 바위 치기'라고."

학생, 교사, 교감, 교장으로 이어지는 수직적인 권력 구조가 말단인 학생과 교사에게 깊은 무력감을 심어주었고, 무력감에 빠진 학교는 스스로 변화를 이끌어낼 힘이 없다는 주장이다. 따지고 보면, 학교 울타리 안에서 촛불을 켤 수 없다면, 광장의 천오백만 촛불이 무슨 의미가 있느냐는 반문이기도 하다. 과연 학교에서도 촛불이 타오를 수 있을까.

촛불혁명, 학교의 변화로 이어질까

학생들은 최근 국정 역사교과서 채택 철회를 요구하며 입학식을 무산시킨 경북 문명고등학교 학생들 얘기를 하며 희망을 보였다. 학부모들까지 연대해 국정교과서를 끝내 막아낸 이들의 승리는 촛불의 힘을 빼고는 설명이 안 된다는 거다. 같은 또래로서 오로지 대학입시 앞에 멈춰버린 자신의 고민이 부끄러웠다고 고백하기도 했다. 자신이라면 교장 앞에서 피켓을 드는 건 고사하고 반대 의견을 말하는 것조차 엄두를 내지 못했을 텐데 용기를 낸 그들에게 경의를 표한다고, 그들의 용기 있는 행동 앞에서 내신 등급과 수능 점수가 무슨 의미인지 성찰해보는 기회였다고도 했다. 나아가 대학입시는 이 사회가 학생들을 통제하기 위해 고안된 도구 아닐까 하는 생각마저 들었다고 했다.

학생들의 관심은 선거 연령을 당장 낮춰야 한다는 데까지 나아갔다. 다른 날도 아닌 삼일절에 성조기를 흔들어대는 어른들보다 자신들의 정치적 판단력이 더 나을 거라면서, 무엇보다 자신들의 학교생활을 사실상 좌우하는 교육감을 학생이 아닌 기성세대가 뽑는 어처구니없는 상황은 당장 해결되어야 하지 않겠냐고 반문하기도 했다. 그들이 말하는 '적정한' 선거 연령은 놀랍게도 만 16세였다. 고1 정도면 정치적인 사리 판단은 충분히 가능하다는 주장이다. 처음엔 만 18세로 낮추는 게 현실적이라는 이야기가 있었지만, 만 16세 주장이 나오자 순식간에 묻혀버렸다. 고등학교 과정만 이수해도 사회생활을 하는 데에 아무런 지장이 없다는 걸 인정한다면, 선거라고 다를 건 없지 않겠느냐는 거다.

아울러, 그들의 정치활동을 보장할 수 있는 근거로 현행 고등학교 교육과정을 들었다. 엄연히 1학년 공통교과인 사회과목 내에 꽤 많은 분량으로 정치 단원이 포함되어 있고, 선택교과엔 아예 법과 정치 과목이 개설되어 있기 때문이란다. 정치에 대해 가르쳐놓고서 어리다고 투표권을 주지 않는 건 모순이라는 것이다. 정치를 편견 없이 순수하게 받아들이는 나이가 십대라는 말도 덧붙였다. 물론, 반론도 있었다. 서슬 퍼런 대학입시 앞에서 법과 정치는 또 하나의 수험과목일 수밖에 없는데, 문제풀이 식으로 정치를 배운 학생들에게 올바른 판단을 기대할 수 있을까 하는 우려였다.

학교가 전혀 준비가 되어 있지 않다는 이야기도 나왔다. 한 아이는 내게 선거권을 가진 학생들이 모여 있는 교실을 상상해본 적이 있냐고 물었다. 대놓고 말하지는 않았지만, 이는 통제와 관리에만 익숙한 교사들의 고루한 인식에 대한 따끔한 질책임을 안다. 솔직히 학교에 제대로 된 정치수업을 할 수 있는 교사가 얼마나 있는가를 묻는 것이기도 했다.

사과나무 아래에서 사과가 떨어지기를 입 벌리고 기다릴 게 아니라면, 자신의 권리는 스스로 쟁취해야 한다는 '진리'를 학생들은 뒤늦게나마 또렷이 깨닫고 있다. 교육의 변화를 위해서는 학생들의 참여할 수 있는 권리가 제도적으로 보장되어야 한다고 입을 모았다. 대학입시 제도를 골백번 고치는 것보다 고등학생들에게 선거권이 주어지는 것이 학교에 더 큰 변화를 가져오게 될 것이라고 단언하기도 했다.

학생들은 당장 요구했다. 수업이든 학교생활이든 스스로 판단해서 선택할 수 있는 권리를 달라고. 그래야 자신의 선택에 대해 온전히 책임질 수 있지 않겠느냐는 거다. 학생들은 공부만 하는 기계가 아니며, 교사와 학부모의 보호가 필요한 존재라는 편견에서 벗어나야 한다는 의미이기도 하다. 그들이 학교에서 십수 년 동안 배운 거라곤 순응하는 삶이었고, 최고의 칭찬이 '모범생'이었다는 사실을 부인하기는 어렵다.

방과 후 그들과 나눈 대화를 마무리하며 순간 덜컥 겁이 났다.

지금껏 학교의 변화를 이끄는 주체는, 역량이 부족할지언정 마땅히 교사여야 한다고 믿어왔다. 하지만 아이들의 거침없는 주장을 통해 어느새 교사는 변화를 두려워하고 되레 거스르는 장애물이 되어가고 있다는 느낌을 받았다. 그것이 도도한 흐름이라면 역행할 수는 없는 노릇이다.

돌이켜보건대 지난겨울, 광장이야말로 진짜 민주주의를 배우는 살아 있는 교실이었다. '공부하는 기계'였던 대한민국의 학생들은 시나브로 '교복 입은 시민'으로 거듭나고 있다. 광장의 촛불이 울타리를 넘어 무력감에 빠진 학교에 생기를 불어넣을 촉매제가 되고 있다. 4.19 혁명과 6월 항쟁에 비견되는 이번 촛불혁명은 미래 세대 아이들이 자라나는 학교에서 완성되어야 할 것이다.

(vol 110, 2017. 3-4)

청소년 참여가
정치 생태계를 바꾼다

유니세프의 아동친화도시 사이트에 가면 한국의 26개 지방자치단체가 등록되어 있다. 유니세프 아동친화도시 모델과 가장 가깝다고 평가되는 일본의 경우는 5개의 지방자치단체가 등록되어 있다. 아동친화도시는 유엔의 아동권리협약에 따라 청소년의 목소리와 필요, 우선권과 권리를 공공정책과 결정과정에서 보장하는 도시를 말한다. 그렇다면 한국은 일본보다 청소년들이 살기 좋은 도시로 변해가고 있는 걸까?

───────────────

하승우 _ 가난하고 힘없는 사람에게 더 절실하게 필요한 것이 정치라고 생각한다. 『시민에게 권력을』『정치의 약속』 같은 책을 썼다.

한국의 아동친화도시는 무엇과 친화할까?

유니세프에 따르면, 아동친화도시로 선정되려면 다음 열 가지 조건에 부합해야 한다.

1. **아동의 참여** 아동과 관련된 일을 시행할 때 아동의 의견을 듣고 고려해야 한다.

2. **아동 친화적인 법체계** 모든 아동의 권리를 증진하고 보호하는 조례와 규정이 있어야 한다.

3. **아동 권리 전략** 유엔아동권리협약의 원칙에 따라 아동권리 전략을 개발해야 한다.

4. **아동 권리 전담기구** 아동의 의견을 우선적으로 고려하는 상설기구를 마련해야 한다.

5. **아동 영향 평가** 정책과 조례, 규정 등이 아동에게 미치는 영향을 평가하는 체계적 과정을 마련해야 한다.

6. **아동 관련 예산 확보** 아동을 위해 적절한 예산을 확보하고, 아동 관련 예산이 잘 쓰이는지 분석해야 한다.

7. **정기적인 아동 실태 보고** 아동의 권리 실태를 지속적으로 모니터링하고, 관련 자료를 수집해야 한다.

8. **아동 권리 홍보** 아동 권리에 대해 모든 주민에게 널리 알려야 한다.

9. **아동을 위한 독립적 대변인** 아동 권리 증진을 위해 일하는 비정부기

구들을 지원하고, 아동 옴부즈맨이나 어린이 청소년위원 같은 독립적
인권기구를 개발해야 한다.

10. 아동 안전을 위한 조치 아동이 안전하고 오염되지 않은 환경에서
자랄 수 있도록 정책을 개발하고 시행해야 한다.

서울시 종로구를 비롯한 한국의 26개 지방자치단체가 아동친
화도시라면 이 열 가지 원칙을 실현하고 있어야 한다. 정말 그렇
게 하고 있을까? 열 가지 원칙은 고사하고 청소년과 관련된 여러
일들에서 당사자의 의견을 듣고 고려하고 아동의 권리에 대해 모
든 주민에게 알리고 있을까? '그렇지 않다'에 내가 내기를 걸어
도 위험하다고 말릴 사람이 주변에 없다. 그렇다면 이 친화는 대
체 무슨 쓸모일까?

'friendly'란 말은 '친화'만이 아니라 '지지'의 의미도 있는데,
한국에는 '친화'라는 입장만 있지 지지의 정책이 없다. 그러니 예
산도 체계적인 전략도 당연히 없다.

의지가 없지, 방법이 없나?

그동안 여러 차례의 촛불시위를 경험했는데도 왜 한국은 청소
년의 정치참여에 소극적이거나 부정적일까? 이전에 그들이 정치
에 참여했던 역사가 없었던 것도 아니다. 1960년 4월, 1980년 5

월에도 청소년들이 적극적으로 참여했고 그래서 대한민국의 역사가 조금씩 바뀌었는데 말이다.

유엔에 따르면 15~25세 사이의 시민들이 전 세계 인구의 1/5이나 된다. 그렇다면 이 세대의 목소리와 필요, 결정이 정치에 반영되어야 하는 게 너무나 당연하다. 특히 많은 연구자들이 지적하듯이 청소년기의 정치참여는 투표 외에도 다양한 시민참여 활동으로 이어질 수 있다. 경험이 반복될수록 시민의 권리를 더 능숙하게 쓸 수 있으며, 낡은 기득권과 권위주의적인 관행을 깨고, 낡은 정치의제보다 새로운 정치의제를 다룰 수 있다. 청소년 정치 참여의 가장 중요한 점은 새로운 욕구와 필요를 발생시키며 사회의 다양성을 증가시킨다는 것이다. 뒤집어보면 바로 이런 이유 때문에 한국은 청소년의 정치 참여를 꺼리는 게 아닐까? "청소년들은 정치에 관심이 없다" "미성숙해서 제대로 판단할 수 없다" 하는 괴이한 알리바이나 대면서.

최근 외국의 청소년 정치참여 활동에서 흥미로운 현상은 게임과 민주주의를 연계시킨다는 점이다. 게임을 통한 민주주의 활동은 민주주의의 핵심 개념이나 본질을 가르치는 것보다 차별이나 성평등 같은 민주주의나 인권 관련 주제들을 실제 생활에서 체득하려는 운동이다. 스웨덴의 스톡홀름에서 시작되었다고 하는데, 민주주의와 인권 관련 주제들을 시험하는 게임이 만들어져 온라인에서 무료로 이용되고 있다. 그리고 온라인에서 게임만 하지 않고 비슷한 관심을 가진 사람의 오프라인 커뮤니티를 구축하거나 돕기도 한다. 같이 게임도 하고 활동도 하는 젊은 세대의 경향을 반영한 활동이다.

이 활동은 주로 16~35세 청년들을 대상으로 하는데, 대표적인 사례인 청년공화국운동은 젊은 난민들이 유럽에서 민주적인 참여, 시민참여, 사회참여 활동 등에 적극적으로 참여할 수 있도록 지원한다. 청년공화국운동은 2014년 중반에 시작되어 2015년 1월에 스웨덴에서 공식단체로 등록하고 활동을 시작해서 스웨덴, 독일, 벨기에, 프랑스 등 유럽 7개국에서 500명 이상의 시민들과 활동하고 있다. 6개월 정도의 기간에 지역 활동을 기획하는 합숙훈련, 매월 진행되는 회의와 교육 워크숍, 지역 프로젝트 실행과 평가 등이 진행된다.

이런 흐름은 미국에서도 확인되는데, 눈에 띄는 건 아이시빅스 활동이다. 이 단체는 청소년들이 게임에 몰두한다면 매력적인 게임을 통해 민주주의를 이해하도록 하자고, 게임이 시민참여를 활성화시킬 수 있도록 돕자고 주장한다. 물론 게임에 참여하는 사람들이 모두 적극적인 시민으로 활동하는 것은 아니겠지만 이는 좋은 관문이 될 수 있다. 게임을 통해 획득한 포인트를 시민활동에 사용할 수 있는 것도 인상적이다.

"만약 당신이 도시 내에서의 여러 상호작용으로 시민 보상 포인트를 축적할 수 있다면, 당신이 마을회의에 참석할 확률은 얼마나 높아질까? 그리고 만약 이런 '시민 포인트'가 주차 요금에서 환급되거나, 레크리에이션 서비스를 받을 수 있는 무료 이용권과 이용료 할인 혜택을 받을 수 있게 된다면 참가하게 되지 않을까? 지역 앱으로 새로운 공원 디자인에 대한 생각을 등록할 수 있다면? 가능성을 상상해보라."

이 사이트에서 실제로 게임을 해보면 정부의 역할이 무엇이고 어떤 목표를 세울 수 있는지 잘 알 수 있다. 카운티 워크Counties Work라는 게임은 시장이나 시의원 등 다양한 역할을 맡아 공원이나 새로운 주거지를 만들기도 하고 마을에 새로 이사 온 사람이나 주민들이 원하는 일을 담당부서와 연결시켜주기도 하면서 게임을 하는 사람들이 지방정부의 역할을 자연스럽게 이해할 수 있게 한다. 정치참여라고 하면 무조건 딱딱하고 재미없다는 고정관념을 깨고 게임이라는 형태로 민주주의와 정치를 이해하도록 돕는다. 이렇게 내용만이 아니라 형식에서도 청소년들의 접근을 보장하며 그들에게 익숙한 매개를 활용하는 것은 그렇게 어려운 일이 아니다. 참여와 민주주의는 당사자의 욕구와 일상에서 시작되어야 한다.

권한이 없지, 판단이 없나?

영국 청소년의회는 11~18세의 청소년들이 364명 이상 선출

되어 활동한다. 이들을 선출하기 위해 실제 투표가 영국 전역에서 진행되는데, 백만 명이 넘는 청소년들이 투표에 참여한다. 이렇게 선출된 청소년의원들은 이벤트와 프로젝트를 조직하고 캠페인을 벌이며 청소년들의 목소리를 조직한다. 영국정부는 청소년의회를 독립된 기구로 인정한다.

그리고 연말에는 하원에 모여 영국 전역에서 투표로 결정된 다섯 가지 사안에 관해 토론을 벌이는데, 하원의장이 토론을 주재하기도 한다. 2018년 11월 9일 금요일, 영국 전역에서 모인 영국 청소년의회 의원들은 하원에서 토론을 벌였다. 나이프 범죄 근절, 정신 건강, 동일노동 동일임금, 노숙자 문제 해결, 16세 투표권 같은 안건들은 110만 명이 넘는 청소년들의 투표로 선정되었다.

1998년에 처음 시작된 영국청소년의회는 유엔아동권리협약 제 12조에 따라 영국 청소년들이 자신들에게 영향을 미치는 문제들에 관해 발언할 수 있도록 권리를 보장했다. 그리고 개인만이 아니라 난민이나 위기 청소년처럼 배제된 이들의 참여가 보장되고, 지역청소년협회와 같은 단체들이 대표로 참여하기도 한다.

한국에도 19세 이하 청소년들로 구성된 대한민국청소년의회가 2003년에 만들어져 운영되고 있다. 전국에서 선발된 중고등학생 160여 명은 청소년 국회의원으로서 정치법제, 외교통상, 교육과학기술, 청소년 권익, 통합(문화, 경제, 복지) 총 5개의 상임위원회에서 활동한다. 2018년에 대한민국청소년의회는 화장품 유해 화학성분 검사 및 안전인증마크 표시를 위한 화장품법 개정안, 청소년 임금체불 등 부당행위 방지에 대한 근로기준법 일부 개정안, 기간제 교원의 처우 개선에 관한 교육공무원법 개정안, 정보통신망 이용촉진 및 정보보호에 관한 법률 개정안, 외국인 노동자의 처우 개선을 위한 외국인 교육법 개정안을 청원하기도 했다.

영국과 한국의 차이는 뭘까? 한국은 청소년들을 위한 특별 프로그램이고 영국은 독립기구로 인정된 일상 프로그램이다. 한국의 경우 청소년들이 선거인단이나 국회의원으로 참여하는 것 외에 통로가 없지만 영국에서는 많은 청소년들이 투표에 참여하거나 후보로 나서는 것 외에도 각종 캠페인과 의제선정에 참여하며 자신들의 관심사를 드러낼 수 있다. 그리고 영국의 청소년의회는 평범하거나 뛰어난 청소년들보다 주변화되고 배제된 청소년들이 참여하는 과정을 중요하게 여긴다. 앞으로의 사회통합에 그들의 판단이 필요하고 중요하기 때문이다.

의회parliament는 '말하다parler'라는 뜻에서 파생된 말이다. 즉 많은 말들이 서로 충돌하고 화음을 이루는 곳이 바로 의회다. 어떤 말들이 나올지는 당사자들이 결정하고, 그 당사자들은 기본적으로 이질적인 존재들이다. 충돌하지 않는 말들은 기성의 규칙들로 정돈된 말이다. 청소년들에게는 자신의 언어로 말할 권리가 있고, 그 언어들이 정치에 생명력을 불어넣는다.

현 시민을 위해 대표권을 주자

'청소년들은 미래 시민'이라는 말은 고루하다. 그들은 현 시민이다. 이미 현실에서 다양한 활동을 펼치고 있는데, 단지 선거권과 피선거권이 없다는 이유로 미래의 시민이 되어야 할까? 유럽연합 문화행정청(EACEA)은 청(소)년 참여를 다음과 같이 폭넓게 규정한다.

- **대의민주주의에 참여** 선거에 입후보거나 선거에 참여하거나 정당에 가입하는 것
- **참여구조에 참여** 청소년 단체나 NGO 또는 자원봉사와 같은 구조에 더 많은 젊은이들이 참여하도록 촉진한다.
- **토론 참여** 청소년 또는 지역사회 문제, 서면 언론 또는 청소년 라디오를 통한 의견 형성, 온라인 토론 참여, 블로그 작성 또는 공유
- **정보를 찾고 민주주의에 대해 배우는 것** 정치과정의 시뮬레이션에 참여하고, 학교에서 학습과 훈련에 참여하며, 청소년 단체에 참여한다.

이렇게 참여를 규정하면 한국에서도 청소년들의 여러 활동이 참여의 범주로 들어온다. 현재 청소년들의 참여가 부족하다기보

다는 그 참여가 실질적인 변화나 여론으로 전환될 기회가 부족하다. 청소년들이 정치에 관심이 없는 건 무관심해서가 아니라 자신들을 대변할 대표가 없고 자신들의 관심사가 반영되지 않기 때문이다. 그러니 자신들이 대접받지 못하는 오프라인보다 대접받을 수 있는 온라인을 선택하는 건 당연한 일이다. 유엔과 유럽연합이 발간하는 모든 보고서에서 청(소)년의 과소대표성 문제를 지적하고 있다.

폴록과 하인드는 유럽 청소년들의 활동을 분석한 보고서에서 청년들의 투표율이나 정당가입율 감소가 정치에 대한 관심의 감소는 아니라고 주장한다. 오히려 비공식적인 활동이나 참여는 늘어나고 있고, 이들은 시민권을 새로이 구성하고 있다. 특히 돋보이는 건 온라인 참여로, 정보를 공유하고 상담하고 논의하고 활동을 조직하고 감시하고 기록하는 모든 참여활동을 포괄한다. 폴록과 하인드는 새롭게 생성되는 활동에 주목하면서 그 활력을 제도정치와 연결시킬 방법을 찾는 게 더 중요하다고 주장한다.

문제는 기성정치가 지나치게 청(소)년들을 대표하지 않는다는 점이다. 지금 전 세계에서 30세 이하 의원 수는 2퍼센트도 되지 않고, 한국의 경우는 0명이다(국민의당 출신 김수민 비례대표의원이 당선될 때 29세였지만 지금은 30대다). "당신이 투표하기에 충분한 나이라면 공직후보로 나서기에도 충분하다고 믿는다"라고 주장하는 유엔의 '출마하기에 어리지 않은'이라는 캠페인은 이런 경향을 반영한다.

2016년 촛불집회에 참여한 청소년들의 정치참여를 지속하기 위해 만들어진 촛불청소년인권법제정연대는 청소년참정권 확보, 어린이청소년인권법 제정, 학생인권법 제정을 주요 목표로 잡고 있다. 현재 패스트 트랙으로 올라가 있는 공직선거법 개정안도 투표권을 만 18세로 낮출 뿐 피선거권에 대해서는 모르쇠다. 청(소)년들의 정치활동을 지지하기 위해 선거권과 피선거권을 낮추는 것이 이 시대의 글로벌 스탠다드이다. 한국이 예외일 이유는 없다.

(vol 123. 2019. 5-6)

만 18세, 선거교육 어떻게 할까

교복 입은 유권자의 등장

작년 12월, 선거법 개정으로 선거연령이 만 18세로 하향되면서 OECD 중 유일하게 19세 선거권 국가라는 오명에서 비로소 벗어나게 되었다. 선거권 하향은 지금까지 경험해보지 못한 새로운 상황을 만들어냈다. 교복을 입은 학생유권자의 등장이 그것이다. 그동안 교육 정책에서 당사자들은 가시권에서 제외되기 일쑤였고, 정치권에게 학교라는 공간은 교사와 학부모의 표를 통해서

강민정 _ 중학교 교사로 근무하다 퇴직 후 징검다리교육공동체에서 상임이사로 활동하며 서울시교육청 혁신학교운영위원장을 맡고 있다. 혁신학교, 혁신교육, 민주시민교육과 관련해 책을 공동집필하고 정책연구를 하고 있다.

만 그 존재가 인식되는 곳이었다. 교복 입은 유권자의 등장은 이런 상황을 근본적으로 바꿔놓을 것이다.

정치권은 이제 학교를 보다 직접적인 실체로 인식할 수밖에 없다. 학생과 청소년의 요구에 관심을 갖고 교육정책을 훨씬 비중 있게 다루어야 할 것이다. 헌법이 보장한 참정권을 제대로 행사해보지 못했던 18세 젊은이들이 첫 투표를 통해 사회의 당당한 주체로 서게 되었다. 온 사회가 환영하고 축복해주어야 할 일이다.

그러나 선거법 개정이 이루어진 후 지난 두 달 동안 벌어진 상황은 이와 완전히 반대되는 방향이었다. 새내기 유권자들을 축하하고 지원하기 위한 방안을 고민하는 대신 선거사범 운운하며 공포 분위기를 조성하고 있는 것이 그렇다. 첫 투표권 행사를 위해 필요한 안내와 지원을 함으로써 당당한 투표권 행사를 돕기는커녕 투표 자체를 기피하고 위축시키는 사회적 분위기를 만들고 있다. 옳지도 않지만 그 기저에는 젊은층의 투표를 최소화하려는 정치적 의도가 깔린 것 같아 불편하기 짝이 없다.

민주시민교육의 핵심 중 핵심, 선거교육

교육기본법 제2조는 교육의 목적이 '민주시민 자질 함양에 있음'을 밝히고 있다. 세금으로 학교를 짓고 교사에게 월급 주며 국민 모두가 학교교육을 받도록 하는 이유가 민주시민성을 기르기 위함이라는 법적 선언이다.

민주시민은 태어나는 것이 아니라 학습을 통해 길러지는 것이다. 한 사회의 민주주의 발전의 척도는 그 사회구성원의 민주시민성이다. 반독재 민주화 운동으로 1987년 이후 제도와 절차상의 민주주의를 전면화하였음에도 국정농단, 사법농단, 파행·무능국회 등이 반복되는 것은 그 절차와 제도를 작동시키는 주체인 국민 개개인의 민주시민성이 아직 충분하지 못하다는 것을 의미한다. 그들에게 권력을 위임해준 이들이 바로 국민이기 때문이다. 한국 정치 성적표는 그동안 우리의 학교교육이 제대로 된 민주시민교육을 해오지 못한 반증이라 할 수 있다.

대의민주제를 채택하고 있는 한국사회에서 대표를 선출하는 선거는 매우 중요하다. 헌법 1조에 선언된 '국민으로부터 나오는 권력'을 위임 받는 대표가 누구인가에 따라 국가의 정치수준이 결정되고, 이것이 국민 삶의 질과 우리 사회의 발전 방향을 결정하기 때문이다. 선거가 민주주의의 꽃이라면 민주시민교육은 공교육의 꽃이다. 이 점에서 학교 민주시민교육에서 선거교육이 갖는 중요성은 아무리 강조해도 지나치지 않다.

그러나 안타깝게도 우리나라 학교교육에서의 선거교육은 교과서에 담긴 지식교육 수준을 넘어서지 못하고 있다. 교사들에 따라 공약 분석이나 가상후보 투표와 같이 활동성을 더한 선거교육을 하기도 하지만, 이는 전적으로 교사 개인의 역량에 의존한다. 선거교육은 다양한 방법으로 이루어질 수 있으며 그중 가장 효과적인 방법이 모의선거라는 점이 많은 나라의 사례에서 입증된 바 있다.

우리나라에서는 아직 학교 모의선거가 본격적으로 실시되지 못하고 있다. 실제 선거에 출마한 후보들을 놓고 실제와 유사한 투표를 해봄으로써 미래 유권자들이 생생한 선거경험을 갖도록 하는 모의선거는 아직 보편화되지 못한 것이 현실이다. 이와 같은 교육현실은 여러 가지 복합적인 원인들이 작용한 결과다.

학교 민주주의, 삶과 결합된 교육, 학생을 배움 주체로 세우는 학생중심 교수·학습 방법 등 지난 10년 동안 혁신교육에서 시도된 노력에도 불구하고, 지식중심 교육의 오랜 흐름이 여전히 학교교육을 지배하고 있다. 입시교육을 중시하는 풍토도 한 원인이라 할 수 있다. 또한 청소년을 미성숙하여 보호해야 할 대상으로 규정하고, 교육의 정치적 중립성을 학교의 탈정치화로 왜곡 해석하는 잘못된 교육관이 아직도 일부에서는 강력한 지지를 받고 있다. 무엇보다 일체의 정치적 자유를 박탈당한 교사들의 자기검열 구조는 학교 안에 실제 선거를 들여오는 것을 기피하거나 선거교육을 소홀히 다루게 하는 주요 원인이다.

전체주의 사회에서 종종 이루어지는 세뇌교육과 정치적 무관심, 정치혐오를 조장하는 왜곡된 탈정치교육은 서로 다른 듯 보이지만 실은 같은 결과를 초래한다. 둘 다 학생들이 비판적으로 사고하고 주체적으로 판단하여 행동하는 것을 억제한다. 이런 교육을 받는 이들은 자연스럽게 정치를 자신의 일상과 분리하고 정치로부터 스스로를 소외시킨다. 그리하여 정치는 특별한 소수만이 독점하는 어떤 일이 되어버린다. 따라서 유권자 교육의 중요성을 간과하고 그 행위를 제약하려는 시도는 어떤 논리를 동원하더라도 민주주의 발전에 역행하는 일이다.

이미 오래전부터 미국, 일본, 영국, 독일, 캐나다, 핀란드, 스웨덴, 덴마크, 코스타리카 등 많은 나라들이 실제 선거와 연동해 학교 교육과정으로 진행되는 모의선거교육을 실시해왔다. 우리나라도 간헐적이지만 학교 모의선거교육을 시도하고 있다.

외국의 모의선거교육 사례[1]

독일에서는 연방 총선, 주의회 선거, 유럽의회 선거에서 실제 선거일 7일 전부터 독일 최대 규모의 학생 대상 프로그램으로 '청소년 모의선거Juniorwahl'를 진행한다. 이를 통해 청소년들은 실제 선거에 출마한 후보자와 정당에 대해 투표할 기회를 갖는다. 2017년 9월에 실시된 연방 총선 청소년 모의선거에는 전국적으

---

[1] 보편적 선거교육으로서의 모의선거교육 〈학교 민주시민교육 활성화 방안 연구-학교 모의선거교육을 중심으로〉, 2019 서울시교육청 정책연구 참조.

로 3,490개 학교가 참여하여 79만 6,332명이 실제로 투표하였다. 독일 정부는 2022년까지 모든 학교에서 모의선거 실시를 목표로 관련 정책을 추진하고 있다.

일본에서는 현 단위로 자발적인 모의선거교육이 이루어져왔고 18세 선거권 하향이 이루어진 2015년 이후 문부성과 선관위가 적극 협력하여 다양한 선거교육 자료를 만들고 학교가 이를 진행할 수 있도록 지원하고 있다. 그중 실제 선거와 연계한 모의선거교육 역시 중요한 선거교육 방법으로 제시되고 있다.

미국의 경우에는 미국투표지원법으로 학생, 학부모의 선거교육을 적극 지원하고 있다. 주마다 약간의 차이가 있지만 2016년 29개 주에서 약 100만 명의 학생들이 모의선거교육에 참여하였다. 1968년부터 50년 넘게 선거 때마다 모의선거를 실시해온 벤자민 플랭클린 초등학교는 실제 선거 전에 발표되는 학생 모의선거 결과가 실제선거 결과와 매번 일치하여 전국적 뉴스가 되고 있기도 하다.(트럼프가 당선된 선거에서만 유일하게 실제 선거 결과와 학교 모의선거 결과가 달랐다고 한다.)

캐나다에서는 '학생 선거 Student Vote'를 통해 모의선거교육을 실시하고 있다. '학생 선거'는 각급학교에서 선거 연령(만 18세) 이하인 4학년부터 12학년까지의 학생들을 대상으로 연방선거, 주선거 등이 실시되는 실제 선거기간 동안 실제 지역구 후보자를 상대로 투표를 실시하는 정부인가 비영리단체 주도의 모의선거

프로그램이다. 실제 선거를 관장하느라 바쁜 선관위가 같은 시기에 진행되는 학교 모의선거를 위해 기표소, 투표함, 투표용지 등 일체의 모의선거 용구를 패키지로 학교에 지원하고 있다. 2015년 10월 캐나다 연방선거를 앞두고 치러진 학생 선거에는 6,662개 학교에서 92만 명 이상의 학생들이 선거에 참여했다.

2002년부터 총선 및 유럽의회 선거 시기에 학교 모의선거를 진행하는 스웨덴은 2006년에 전체 고등학생의 86.6퍼센트가 참여하는 보편적 선거교육으로 모의선거가 자리 잡았다. 덴마크의 경우에는 2년마다 총선이 치러지는 해 1월에 '학교 선거'가 치러지며 국회와 교육부가 공동 주관한다. 3주간의 사전 교육과정을 운영하고 학생 선거 결과는 국회에서 발표되며, 국영방송과 국회방송이 전국 생중계를 할 정도로 사회적 관심과 지지를 받고 있다. 2019년에는 769개교 8만여 명의 8~10학년 학생들이 학교 모의선거에 참여했다.

이상에서 살펴본 여러 나라들의 학교 모의선거교육의 공통점은 정부와 정치권의 적극적 지원 하에 진행되고, 모의선거를 통해 미래 유권자로서 청소년의 시민성을 키워야 한다는 사회적 합의가 도출되어 있다는 점이다. 학교 밖 다양한 비영리 민간단체들도 모의선거교육에 도움을 주고 운영을 지원하고 있다. 또한 모의선거교육이 점차 확대되는 추세에 있으며, 독일처럼 전체 학생 대상으로 전면화를 추진하는 나라도 있다는 점에서 모의선거교육이 갖는 교육적 효과가 높다는 점을 확인할 수 있다.

국내 모의선거교육 사례

우리나라에서도 학교 안팎에서 모의선거교육이 시도되고 있다. 학교 밖에서 이루어지는 모의선거는 2017년 대통령 선거와 2018년 지방선거 때 YMCA가 주관하여 치러진 청소년 모의선거가 대표적이다. 두 번에 걸친 모의선거에는 총 10만 명 가까운 청소년들이 실제 선거기간에 온·오프라인 투표에 참여했다. 이는 선거권을 갖지 못한 청소년들에게 참정권 행사 경험을 통해 정치문제에 대한 관심을 높이는 역할을 했으나, 학교 교육과정과 연계된 선거교육이 아니라는 점 때문에 체계적인 사전교육이 이루어지지 못했고, 일부 의식 있는 학생들 중심으로 이루어졌다는 한계가 있다.

학교에서 교사 개인이 기획해 모의선거 수업을 한 경우도 있으나 실제 후보나 정당이 아니라 가상 후보나 가상 정당을 놓고 이루어진 경우가 많다. 최근에서야 실제 후보나 정당을 대상으로 학교 단위에서[2], 혹은 여러 학교들이 동시에 참여하는 전국적 모의선거교육 시도가 이루어지고 있다.

---

[2] 서울의 혁신고등학교에서 민주시민교육 방법으로 진행된 대통령 선거, 지방선거 프로젝트 수업과 2018년 지방선거 때 혁신초등학교에서 이루어진 모의선거교육이 대표적이다.

여러 학교가 동시에 공동 프로젝트로 모의선거교육을 실시한 사례로는 2018년 지방선거 때 징검다리교육공동체가 서울, 경기, 광주, 충북의 17개 중·고등학교에서 실시한 것이 대표적이다. 징검다리교육공동체는 학교에서 모의선거를 진행하는 데 필요한 교육과정안 샘플, 투표용지, 기표소, 기표용구 및 투표함을 제공하고 이에 참여한 교사들이 소통할 수 있는 플랫폼 운영 등을 지원했다. 실제 교육과 모의투표는 학교에서 교사들이 진행하는 방식으로 이루어졌다. 학교 여건에 따라 사전교육은 2차시에서 6차시까지 다양하게 진행되었고, 학년 단위로 진행되기도 하였으며 전교생이 모두 참여한 학교도 있었다. 사회교과나 역사교과 중심으로 단일교과에서 진행한 경우도 있었지만 사회, 국어, 영어 교과 등 다양한 교과가 주제통합 프로젝트 수업으로 진행한 학교도 있었다.

모의선거에 참여한 학생들 대상으로 실시된 설문결과에 따르면 '미래에 투표권이 생겼을 때 투표에 꼭 참여하겠다는 생각이 들었다'에 94.3퍼센트의 학생들이 그렇다, 매우 그렇다를, '선거의 중요성을 깨닫게 되었고 실제 선거에도 관심이 생겼다'에는 89.7퍼센트의 학생이, '모의선거 과정에서 사회문제와 필요한 정책을 진지하게 생각해 볼 수 있었다'에는 85.2퍼센트의 학생이 긍정적 답변을 했다. 이런 설문결과는 모의선거교육이 학생들에게 사회문제와 국가 정책에 적극적으로 관심을 가지는 계기가 되고 유권자 체험을 해봄으로써 성숙한 민주시민으로 성장할 수 있는 기회를 제공하는 효과적인 민주시민교육 방법임을 확인시켜 주고 있다.

선거교육 강화와
학교 모의선거교육 확대가 답이다

최근 서울시교육청에서 만 18세 유권자를 대상으로 실시하려는 총선 모의선거교육을 놓고 선관위와의 갈등이 쟁점이 되고 있다. 2017년, 2018년에는 실제 선거 투표 종료 후에 모의선거 결과를 발표하는 조건으로 학교 안팎의 모의선거를 합법적인 교육활동으로 인정했던 선관위가 2020 총선 모의선거를 앞두고는 '공무원인 교사가 참여하는 모의선거교육은 선거에 영향을 줄 수 있어 선거법에 저촉될 수 있다'며 이를 위법 행위로 해석해 사실상 학교에서 이루어지는 모의선거교육이 금지되었다.

18세 선거권 하향으로 학생유권자가 생겼다면 적극적으로 이를 지원하고 교육을 추진하는 것이 상식이다. 교육과정을 통해 체계적인 선거교육, 특히 생생한 체험교육인 모의선거교육을 하는 것은 국가의 책무이기도 하다. 선관위는 공정한 선거관리를 통해 민주주의 발전을 도모하고 교육부(학교)와 함께 선거교육에 대한 책임도 지고 있는 헌법기관이다. 그런데 선거교육을 적극

지원해야 할 선관위가 학교 모의선거는 물론 학교 안의 모든 선거교육를 위축시키는 데 앞장서고 있다.[3]

18세 유권자에 대한 교육뿐 아니라 미래 유권자가 될 전국 모든 학생들에게도 체계적인 선거교육이 이루어져야 한다. 학교는 보다 적극적인 선거교육, 특히 교육적 효과가 입증된 학교 모의선거교육에 나서야 하며, 교육부와 선관위는 이를 최대한 지원하기 위해 머리를 맞대야 한다. 선거가 중요한 일이라는 것을 배우고, 선거가 축제가 될 수 있다는 경험을 한 학생들은 이 사회의 민주주의를 더 단단하게 다지고 발전시키는 유능한 주권자로 자라날 것이다.

(vol 128. 2020. 3-4)

---

3 선관위는 징검다리교육공동체의 질의에 대한 답변에서 실제 후보나 당이 연상되는 선거교육도 선거법 저촉이라는 해석을 보내왔다. 실제 선거와 연계된 선거교육 일체를 범법행위로 규정하고 있다. 이로써 후보 공약 분석과 같은 선거 관련 모든 수업이 제약받는 상황이 되었다.

"엄마, 나 오늘 집회 나가!"

혼자 국회에 다녀온 아들

작년 봄이었던 것 같다. 열다섯 살 된 아이가 말하기를, 국회에서 토론회가 있다기에 들으러 갔더니 신분증을 가져와야 출입이 가능하대서 그냥 돌아왔단다. 애들이 신분증이 어디 있냐며 투덜거렸다. 학교에서 단체로 갔나 했더니 혼자서 갔단다. 궁금했다. 무슨 토론회였는지, 왜 혼자서라도 가서 들어야겠다고 생각을 했는지. 지금 기억에 아마도 에너지 정책 관련 토론회였던 것 같다.

후쿠시마 원전 사태가 일어난 후 아이는 핵 문제에 관심을 가

서복경 _ 민주주의를 공부하고 강의도 하면서 만년 초보 엄마로 살고 있다. 『한국 1세대 유권자의 형성』을 썼고, 『양손잡이 민주주의』 외 여러 책에도 글을 썼다.

지더니 점차 에너지 문제 전반으로 관심을 넓혀가고 있었다. 그렇다고 어른들이 흔히 상상하듯이 커리큘럼을 짜서 체계적으로 공부하고 분석하고 그런 게 아니다. 가끔 책도 접하겠지만, 주로 매체나 대화로 궁금증을 풀어가는 방식이었다. 신문이나 방송을 보다가 관련 뉴스가 나오면 뭐냐고 묻고, 제대로 답을 듣지 못하면 인터넷 검색도 해보고, 그러다 한참을 잊고 지내고 다시 계기가 있으면 궁금해 하고… 이런 과정을 반복하는 것이다.

그날 내가 놀랐던 건 토론회 들으러 국회까지 혼자 갔다는 사실이다. 지방에 살았던 나는 중·고등학교 시절 국회에 가는 게 불가능했을 뿐 아니라 관공서 자체에 출입한 기억이 없다. 더구나 나의 궁금증을 그런 방식으로 풀어보려는 시도를 해본 기억도 없다. 하지만 아이는 달랐다. 그저, 궁금했는데 토론회가 있다기에 가봤단다. 그 장소가 국회였을 뿐. 물론 우리집이 여의도에서 가까워서 가능했을 수도 있다. 아무튼 그날 발견한 건, 아이에게는 관공서에 대한 심리적 거리감이나 격식을 갖춘 공식적인 토론회라는 행사에 대한 부담감이 그다지 없어 보였다는 점이다.

설교 말고, 아이에게 필요한 것

작년 가을 즈음이었던 것 같다. 아침밥을 먹으면서 아이가 말하기를, 국회에 집회가 있어 가는데 발언도 할 예정이라고 했다.

무슨 일이냐고 물으니, 어느 국회의원이 법안을 발의했는데 공교육에 속해 있지 않은 아이들을 범죄자 취급하는 것 같아 문제제기를 하러 간다고 했다. 우리 아이는 대안학교에 다닌다. 아마 대안학교 아이들이나 탈학교 아이들 사이에 관련 정보가 공유되었던 모양이었다. 처음 들어보는 법안이라 자세히 내용을 물어보니, 아이도 직접 읽어보지는 못했고 이야기만 들었다고 했다. 나는 법안 내용이라도 읽어보고 가야 제대로 말을 할 수 있지 않겠냐고 했고, 아이는 혼자 법안을 찾아 읽었다.

그날 아침 내 머리는 여러 모로 복잡했다. 집회에 나가고 그 집회에서 발언도 한다는 이야기를 아침밥 먹으며 아무렇지 않게 하루일정을 고지하듯이 말하는 아이…. 나의 이십대에 집회 참석은 상당한 심리적 부담과 물리적 손실을 각오해야 하는 비장한 일이었고, 나는 내 부모에게 단 한번도 '나 오늘 집회 나가!'라고 당당히 말해보지 못했다. 아니, 부모님이 아실까 봐 전전긍긍하며 거짓말을 해야 했다. 학내집회도 아닌 외부집회에서 발언을 하는 일은 그저 집회에 참석하는 것과 또다른 엄청난 일이었고, 특별한 누군가만이 할 수 있는 일로 여겼다.

그날 아침, 내 머릿속에는 경찰이 증거를 채증하기 위해 현장을 찍어대는 셔터 소리가 들리는 듯했고, 비난성 언론기사가 이미 작성되어 둥둥 떠다녔다. 그래도 민주주의에 대해 글을 쓰고 강의를 한다는 엄마가, 자신의 권리가 침해되는 것에 항의하러

간다는데 아이를 붙잡을 수는 없었다.

하루 종일 싱숭생숭했던 나는 퇴근하고 아이를 보자마자 어땠는지를 물었다. 집회는 잘 진행되었고, 집회에 참석한 몇몇이 법안을 발의한 국회의원실에 찾아가 자신들의 의견을 이야기했고, 어떤 기자가 인터뷰를 하자고 해서 그것도 했단다. 의원실 반응이 어땠는지 물으니 어떤 보좌관이 '너 나중에 커서 국회의원 하면 되겠다!'라고 했단다. 아이는 어른들 사이에서 그 말이 어떤 의미인지 알고나 있을까? 결코 긍정적인 의미로만 해석될 수 없는 그 말의 행간에 대해, 아이는 다행히도 모르는 것 같았다. 그 보좌관이 준 명함을 보여주며 자기도 전화번호를 적어주고 왔다는 걸 보니, 아이는 자신의 이야기를 경청해준 그 보좌관이 고마웠던 모양이다. 자신을 인터뷰한 언론사가 어디였는지를 물으니 모르겠단다. 덜컥 걱정이 되었다. 그 후 며칠 동안 계속 신문기사 검색을 해댔던 기억이 난다.

그날 나는 자신의 생각을 공개적으로 표현하는 것에 대해 아이에게 꽤 길게 설교(?)를 했다. 누군가에게 자신의 주장을 이야기하는 건 나의 분노나 항의를 그저 배설하는 게 아니라 다른 사람을 설득하기 위한 것이어야 한다는 것, 그러기 위해서는 나와 생각이 다른 사람도 공감할 수 있도록 충분한 근거를 갖추어야 한다는 것, 다른 사람을 설득하려면 그 이전에 자신이 그 문제에 대해 충분히 생각하고 판단을 내려야 한다는 것, 나와 생각이 다

른 사람도 다 저마다 이유가 있으니 잘 듣는 것이 중요하다는 것
등에 대해 이야기했던 것 같다. 아이는 제 친구들과의 관계나 학
교생활을 떠올리면서 자기 생각을 이야기하고 내 설교에 반박을
하기도 했다. 그 과정에서 나는 내가 아이에게 가르쳐야 한다고
믿었던 어떤 것에 대해, 아이는 이미 경험을 통해 터득했거나 앞
으로 터득해갈 것이라는 사실을 깨닫게 되었다.

　돌이켜 생각했다. 나의 십대에 나를 성장시킨 힘은 무엇이었
을까? 물론 부모님의 보살핌이 있었고, 규율을 가진 학교교육이
있었다. 그런데 나는 궁금한 것도 많고, 부모님, 선생님, 언니나
오빠의 권위를 넘어서고 싶었던 용감한 십대였다. 나도 호기심을
채우기 위해 뭔가를 시도했을 것이고, 좌절했을 것이며, 끊임없
이 누군가의 권위에 도전하다가 실패했을 것이다. 그렇게 부딪히
면서 경험을 통해 직접 터득하고 배운 그 무엇은, 나를 성장시킨
중요한 힘이었다.

　내 나이 사십 중반이지만 지금까지 인생 앞에 완벽히 준비된
때는 없었다. 이런 내가 아이에게, 세상에 발언하기 위해서는 완
벽히 준비하지 않으면 안 된다는 설교를 하고 있었다. 어느 새 나
는 과거를 잊어버린 그저 그런 어른이 되어 있었던 것이다. 그날
나는, 아이가 부딪히고 도전하는 걸 방해하지 말고, 좌절하고 실
패했을 때 두려워하지 않고 그 경험으로부터 배울 수 있도록 돕
는 게 내가 할 일이라는 걸 깨달았다.

분향소에서 재잘대는 아이들

　지난 겨울 꽤나 추웠던 그날은, 경찰이 민주노총 사무실에 있다고 추정되었던 철도노조 조합원들을 검거하기 위해 하루 종일 작전을 벌였던 날이기에 더 기억에 남는다. 그날 아이는 밀양 송전탑 싸움 와중에 돌아가신 어르신의 분향소를 지키러 간다고 아침 일찍 집을 나섰다. 그 며칠 전, 일요일에 학교 친구들이랑 분향소를 지키기로 했다는 아이의 말에 아이들끼리 어떤 이야기가 있었기에 그런 결정이 내려졌냐고 물었다. "그냥, 너무 슬프잖아!" 아이의 대답은 그게 다였다.

　그날은 시청 앞 분향소의 마지막 날이었다. 아이들은 오전 열시부터 분향소를 지키고 오후 두 시에는 미리 준비했던 간단한 추모행사를 진행한다며 내게 함께해주면 좋겠다고 했다. 두 시에 가겠다고 약속을 하고 미리 아이를 보냈던 나는, 결국 점심시간 전에 서둘러 집을 나섰다. 철도노조 조합원 검거를 위해 경찰과 민주노총 조합원들이 대치하고 있던 정동 사무실은 시청 앞 분향소 코앞이다. 아침부터 심상치 않은 그 일대 분위기를 뉴스로 접하고 혹시나 하는 마음에 두 시까지 기다릴 수가 없었다.

　분향소에 도착하니 한두 명의 아이만 분향을 위해 쳐놓은 천막 안에 있을 뿐 다른 아이들은 그곳에 없었다. 모두 주최 측에서 마련해놓은 피켓을 들고 시청 광장 여기저기에 서 있는 중이라고 했다. 얼떨결에 나도 피켓 하나를 들고 천막을 나섰는데, 시청 앞 스케이트장 입구에서 피켓을 들고 서 있는 아이의 친구가 보였다. 반가운 마음에 가까이 다가가니, 그 친구는 꾸벅 인사를 하고는 내게 그 자리를 내어주고 멀리 떨어진 자리로 옮겨갔다. 나중에 알고 보니 좀더 많은 사람들이 피켓 내용을 보고 이 사건에 대해 생각을 해볼 수 있도록 이백 미터 간격으로 나뉘어 서 있자고 했단다.

나는 스케이트장을 정면으로 바라보고 피켓을 들고 서 있었는데, 스케이트를 타는 아이와 어른들이 참으로 평화로워 보이는 한겨울 오후였다. 분향소를 지키러 온 아이들은 피켓을 들고 서 있다가 손발이 시리면 천막으로 돌아와 몸을 녹이고 다시 나가곤 했는데, 천막에서 잠시 만난 아이들은 삼삼오오 짝을 지어 장난질을 하고, 뭔가를 사먹고, 친구가 먹는 걸 빼앗아 먹으며 끊임없이 재잘거리고 깔깔거렸다. 아이들에겐 이 엄숙한 분향소도 그저 또 하나의 놀이터인 것 같았다.

두 시! 아이들은 어른들의 도움을 받으며 마이크와 앰프를 연결하고 간이무대를 만들었다. 분향소를 설치했던 주최 측의 한 신부님께서 기간의 경과에 대해 말씀하시고 함께 계시던 밀양 주민들께서 고마움을 표하셨다. 아이들이 준비한 행사는 다채로웠다. 기타를 치며 준비해 온 노래를 불렀고 시를 낭송했으며 직접 써온 편지들을 읽어 내렸다. 저걸 준비하려면 제법 시간을 들였

겠구나 싶었다. 아이들은 어떤 생각을 하며 노래의 합을 맞추고 시낭송 연습을 하며 편지를 썼을까? 방금 전까지 이곳이 분향소인 걸 아는지 싶을 만큼 장난질을 해대던 아이들은 금방 숙연해져서 추모의 노래를 부르고 진지하게 편지를 낭송했다. 아이들은 그들의 언어로 이 이해하기 어려운 상황과 죽음에 대해 의문을 던졌고 가슴아파했다.

그날, 난 그 아이들이 이 사건의 정치사회적 의미에 대해 얼마나 아는지는 가늠할 수 없었지만, 이미 오래전부터 그 일이 '너무 슬픈' 일이라는 건 충분히 공감하고 있었음을 깨달았다. 아마 아이들은 이전부터 많은 이야기를 나눴을 것이고 많은 생각들을 했을 것이다. 하지만 그 일은 자신들의 소중한 휴일을 하루 종일 반납할 수 있을 만큼 슬픈 일이었고, 그것만으로도 충분한 이유가 되는 듯했다.

세상을 향한 공감, 십대들의 특권

지금 아이는 여러 가지 방식으로 세상과 소통을 시도하고 있는 것 같다. 궁금하면 묻고 찾아보고 직접 가보고, 이해가 가지 않으면 따져보고 거칠지만 제 주장을 소리 내어 이야기도 해보고, 슬픈 일에 충분히 공감하고 기쁜 일은 함께 기뻐하면서… 그렇게 말이다. 분명 언젠가 나도 그랬을 텐데 나이가 들면서 서서히 잊어갔던 많은 일들을 아이는 지금 한창 시도하고 있는 것이다.

함께 살아가는 사람들의 일에 공감하는 것도 그중 하나다. 생각해보면 나의 십대, 이십대에는 일면식도 없는 이들의 일에 가슴아파했고 그들에게 조금이라도 힘이 되는 일이라면 여기저기 쫓아다니기도 했다. 그런데 어느새 나의 가슴엔 딱딱한 딱지가 앉았고, 뉴스 기사를 보아도 머리만 반응을 하게 되었다. 지금 내게는, 저러면 안되는 나쁜 일들이 많이 보이지만 정작 내 가슴이 아플 만큼 슬픈 일은 예전만큼 많지가 않다. 누군가에게 좋은 일이 있으면 '잘 되었네'라고 생각하지만 정작 하루가 즐겁고 행복한 느낌까지 전이되는 경험은 꽤 오래되었다. 십대인 아이는 다르다. 일면식도 없는 누군가의 슬픔에 깊이 공감하고 위로를 나누며 누군가에게 좋은 일이 있으면 제 일처럼 즐긴다. 세상을 향한 십대의 공감은 그들만이 누릴 수 있는 특권이다. 아직 말랑말랑한 심장을 가지고 있고 이제 막 가족의 그늘을 넘어서 세상이 궁금해지기 시작하는 그 때, 세상과 여러 감정을 공감해보는 경험은 내 아이와 그 아이가 살아갈 세상을 훨씬 더 건강하게 해줄 것이라 믿는다. 십대 때도 세상의 희노애락을 공감해보지 못한 어른들보다, 충분히 공감해본 뒤의 어른들이 그래도 더 따뜻한 세상을 만들어가지 않겠는가.

세상과 소통하려는 아이의 시도는 대개 거칠거나 서툴기 때문에 어른의 눈에는 위태로워 보인다. 어른들은 이 세상이 얼마나 위험한지, 자신의 선의나 무지가 얼마나 위험한 결과를 가져올 수 있는지를 안다고 믿기 때문에 세상의 위험으로부터 아이를 보호하고 싶어 한다. 그리고 내 아이가 가능하면 몸으로 부딪치고 상처받으며 배우는 길보다 상처를 덜 받으며 머리로 배울 수 있기를 바란다. 아마 이건 부모의 본능인가 보다.

그런데 언제까지 내가 그 아이를 대신해 세상과 소통해줄 수는 없는 일이다. 내 부모가 그랬던 것처럼, 그 아이가 살아가야 할 세상은 내가 도저히 상상할 수 없는 다른 세상일 것이다. 열여섯 살이 된 아이는 이제 곧 세상과 직접 대면해야 하며 그 세상에 적응해야 하고 때로 그 세상을 바꿔나가며 살아야 한다. 지금 내가 해줄 수 있는 일은, 그 아이가 세상과 소통하는 자기만의 방식을 터득해갈 때까지 시도하고 또 시도하면서 배우는 걸 지켜봐주고 돕는 것 외엔 별로 없는 것 같다. 넘어지면 무릎의 흙을 털어 일으켜 세워주고, 때로 주저앉아 쉴 때면 옆에서 함께 쉬어주면서 그렇게 말이다. 내가 더 많은 것을 주고 싶어 해도, 이미 아이는 내가 주는 어떤 것보다 스스로 찾는 어떤 것에 더 매력을 느끼는 나이가 되어버렸고 또 그래야 하니까.

집회에 나가는 건 아이가 세상과 소통하는 다양한 방식 가운데 하나일 뿐이다. 물론 나는 여전히 불안하고 앞으로도 불안할 것이다. 하지만 그건 내 몫이다. 아이는 곧 어른이 될 것이고, 그는 자신의 권리가 침해되면 저항할 것이고, 누군가 부당하거나 정의롭지 않은 일을 당하면 함께 공감할 것이며, 혼자가 아니라 누군가와 함께 도모해야 할 많은 일들에 직면할 것이다. 그때 지금의 시도들이 아이에게 힘이 될 것이라고 믿는다. 아마 아이는 앞으로도 계속 서툴고 거친 시도 속에서 좌절도 하고 고민도 할 것이다. 그러나 말은 해야 늘고 소통도 해봐야 방법을 안다. 분명한 것은 아이가 내가 살던 세상에서 내가 하던 방식대로 살아갈 수는 없다는 것이다. 그는 내가 상상하지 못하는 세상에서 그만의 방식으로 살아가야 하기에, 지금 그가 하는 소통의 시도들이 더욱 소중하고 중요한 경험인 것이다.

(vol 91. 2014. 1-2)

자율과 공생을 위한 교육

질서를 바라보는 새로운 관점

오늘날 도시에서 없어서는 안 될 것처럼 너무 당연하게 받아들이는 것 중 하나인 교통신호등의 역사는 알고 보면 백 년 정도밖에 되지 않는다. 3색 신호등이 처음 등장한 것은 1918년 미국 뉴욕 5번가였다. 당시는 경찰관이 유리탑 속에 서서 교통 흐름을 보면서 적절한 타이밍에 버튼을 누르는 수동식이었다. 그때 녹색등은 '좌우로 가시오', 황색등은 '직진하시오', 적색등은 '정지하시오'의 뜻이었다고 한다. 오늘날과 같은 신호등은 1928년 영국 햄프턴에 처음 등장했다.

현병호 _ 격월간 『민들레』 발행인.

질서의 대명사처럼 여겨지는 교통신호등을 새로운 시각에서 보려는 움직임이 세계 곳곳에서 일어나고 있다. 네덜란드 북부에 있는 인구 5만의 소도시 드라흐텐 시내에는 교통신호등이 없다. 하루 2만2천 대의 차량과 수천 대의 자전거와 보행자들이 다니는 라바이플라인 사거리가 2003년 로터리로 바뀌면서 신호등과 표지판, 차선, 차도와 인도를 가르는 턱이 모두 사라졌다. 법 대신 알아서 질서를 지키라는 것이다. 우려와 달리 사고는 거의 일어나지 않았고 교통 흐름도 더 빨라졌다. 사람들은 신호등 대신 서로를 배려하며 제스처와 눈빛으로 소통했다. "혼란은 이해할 수 없을 뿐이지 크게 보면 질서의 한 부분입니다. 어떤 면에서 혼란과 질서는 일맥상통하는 점이 많습니다." 이 프로젝트를 추진한 네덜란드의 교통공학자 한스 몬더만의 말이다.

신호등 없는 거리는 도로를 운전자, 보행자, 자전거가 함께 이용하는 광장처럼 만들어 공공성을 높이고자 하는 '공유공간' 철학에서 나왔다. 공유공간Shared Space은 한스 몬더만이 창안한, 도시 디자인과 교통 설계의 새로운 개념이다. 몬더만은 우연히 정전이 되어 신호등이 꺼졌는데 교통이 혼잡해지는 게 아니라 오히려 흐름이 빨라지는 것을 보면서 발상의 전환을 하게 되었다고 한다. "교통관리 전문가들의 고질적인 문제는 도로에 문제가 생기면 항상 무언가를 더 추가하려고 한다는 점입니다. 저는 추가가 아니라 오히려 제거해야 한다고 생각합니다."

바보로 취급하면 바보처럼 행동한다

공유공간 개념의 핵심은 분리 대신 통합, 규제 대신 자율이다. 사람과 차를 섞고 도로와 주변 환경을 연결함으로써 서로 소통하는 좀더 인간적인 공간, 신호만 믿고 방심하는 게 아니라 주위를 살피면서 책임 있게 행동하는 새로운 윤리를 추구한다. 이 일은 공간의 성격, 사람들의 행동방식을 바꿔 삶의 질을 높이는 일이기도 하다.

한스 몬더만은 그동안 각종 표지판과 신호가 오히려 사람들 사이의 소통을 가로막고, 규제 없이는 질서가 잡히지 않는다는 생각을 하게 함으로써 오히려 사고 위험성을 높였다고 말한다. 도로에 신호등과 표지판이 지나치게 많을 경우 운전자들은 그걸 보느라 오히려 도로에서 눈길을 떼게 되어 더 위험해질 수 있다. 또 법규가 많을수록 운전자들은 법규 내에서 최대한의 이익을 추구하는 경향을 보인다. 법규가 정하지 않은 것은 모두 무시하고 신호등과 신호등 사이에서 속도를 높이거나 끼어들기, 꼬리 물기를 하면서 최대한 빨리 가기 위해 법규의 빈틈을 요리조리 찾게 된다.

공유공간을 한스 몬더만과 함께 설계했던 영국의 도시설계사 벤 해밀턴 베일리는 '어린이 주의' 표지판보다 실제로 길에 어린이가 있을 때 운전자들이 더욱 주의를 기울인다고 말한다. 벤은 무질서한 듯 보이지만 매우 자연스러운 질서의 본보기로 아이스 링크를 꼽는다. 언뜻 무질서하게 보이는 스케이트장에는 선수와 초보자가 뒤섞여 있고 방향도 제각각인 데다 속도도 다 다르지만 별다른 사고가 일어나지 않는다. 벤은 말한다. "안내판, 차선, 표지판, 신호등, 분리대 따위의 모든 장치를 없애는 순간, 사람들은 모두가 길을 걷고 있다고 느끼게 된다. 공간을 함께 쓰면서 서로 충돌을 피하고 주변과 교류하려고 더듬이를 곤두세울 것이다. 사람은 신호등에 반응하는 로봇이 아니라 몸과 마음을 쓰는 지성을 갖춘 존재임을 잊지 말아야 한다."

심리학자들은 과잉 규제가 시야 협착tunnel vision 현상을 유발한다고 지적한다. 터널 속에서 입구를 통해서 보이는 만큼만 세상을 바라보는 것처럼 시야가 좁은 인간이 된다는 뜻이다. 과잉 규제는 자신의 편의와 이익만 좇는 몰염치한 사람이 되도록 부추긴다. 말하자면 민주시민의 자질과는 반대되는 인간을 길러내는 셈이다.(이는 온갖 잡다한 규칙들로 가득 찬 학교가 민주주의 교육과 어떻게 동떨어져 있는지를 말해준다.)

한스 몬더만은 이렇게 말한다. "사람을 바보로 취급하면 바보처럼 행동한다!" 시민을 관리 통제의 대상으로 여기는 행정당국의 시각이 도로에 반영된 것이 오늘날의 도로일 것이다. 신뢰와 자율에 기반한 사회로 나아가는 데 공유공간은 적지 않은 기여를 할 수 있다.

거리는 일상 속의 교육공간이다. 몇 분 빨리 가기 위해 서로 잔머리를 굴리도록 가르치는 도로가 있는가 하면, 다른 사람을 배려하면서 책임 있는 행동을 하도록 가르치는 도로가 있다. 인도와 차도의 구분, 차선도 신호등도 없는 도로에서 걷거나 자전거를 타는 아이들은 몸으로 체득하게 될 것이다. 다른 사람들을 배려하고 배려 받으면서 서로 어떻게 소통해야 하는지를. 순간순간 자신의 판단과 행동에 책임을 진다는 것이 무엇인지를 훈련하는데 이보다 더 적합한 환경이 있을까.

이런 환경에서 자라난 아이들은 평상시에 공동체를 위한 바람직한 판단과 처신을 할 줄 아는 민주시민으로 자라날 가능성이 높다. 또한 긴급한 상황에 처했을 때도 적절한 처신을 할 가능성이 더 높지 않을까. 혼자 살겠다고 잔머리를 굴리기보다 그 상황에서 자신의 책임을 다하는 어른으로 자라날 것이다. 세월호 참사와 같은 일이 되풀이되지 않는 길은 아이들로 하여금 일상 속에서 스스로 생각하고 판단하는 힘을 기르도록 돕는 길이 최선이 아닐까?

도시에서 공유공간을 넓히는 일은 민주주의를 심화시키는 데도 적지 않은 기여를 할 수 있다. 2003년 드라흐텐에서 신호등이 사라지고 인도와 차도의 구분이 사라지자 사람들은 처음에는 혼란스러워했다. 운전자들은 도로 전체가 횡단보도가 됐다며 불만이었고, 보행자는 차를 피해 다녀야 한다고 불평했다. 자전거족도 불만이었다. "자율이 맘에 안 들어요. 아주 위험하죠. 모두가 바짝 긴장하고 살아야 합니다." 하지만 곧 그 장점을 깨닫게 되면서 자율적인 질서가 생겨났다.

네덜란드 북부에서 30여 년 전에 시작된 공유공간 도로는 이제 세계로 확산되고 있다. 유럽이 가장 앞서 있고, 북미와 남미, 호주와 뉴질랜드, 일본에서도 도입하기 시작했다. 유럽 5개국은 2004~2008년에 걸쳐 공동 프로젝트를 진행했는데, 네덜란드, 독일, 덴마크, 벨기에, 영국의 7개 지자체가 참여한 이 사업의 결과, 안전과 교통 흐름이 모두 좋아진 것으로 나타났다. 영국은 런던 도심을 비롯해 전국 각지에 공유공간을 만들고 있는데, 지역에 따라 부분적 또는 전면적으로 추진하고 있다.[1]

교육공간에서 자율성 살리기

거리의 공유공간 개념은 교육공간에도 적용해봄 직하다. '분리 대신 통합, 규제 대신 자율'은 무엇보다 민주시민을 기르고자 하는 교육공간에 필요한 개념이다. 스스로 생각하고 판단하면서

---

[1] 한국의 경우 공유공간처럼 혁신적인 시도는 아직 없지만 신호체계를 바꾸는 실험은 시도되고 있다. 경찰청은 2011년 7월 교통량이 비교적 적은 도로 8천여 곳의 신호등을 심야에는 노란색 점멸신호로 바꿨는데 효과가 좋아 2만여 곳으로 확대했다. 보은군은 2011년에 모든 교통신호등을 24시간 점멸신호로 바꿨다.

소통하는 힘을 기르는 것이 교육목표라면 마땅히 고려해볼 만하다. 무학년제나 모둠별 협력학습을 시도하는 교실은 공유공간 도로와 닮은 점이 있다. 학년별, 반별로 나뉜 교실에서 정해진 진도(속도)와 시간에 맞춰 교육하는 근대학교는 신호등에 따라 움직이는 도로와 흡사하다. 등수를 매기고 협력학습이 아닌 경쟁학습을 시키는 것은 마치 트랙을 그어놓고서 달리기 경주를 시키는 것과 다름없다. 지금 같은 입시경쟁의 경우 개인의 관점에서는 누군가 더 좋은 자리를 차지할 수 있겠지만, 전체 관점에서 보면 소모적인 경쟁을 하느라 에너지가 낭비되고 있을 따름이다. 시스템을 바꿔야 한다.

경쟁이 아닌 협력의 문화를 고양시키는 교육환경을 만드는 데 공유공간 개념을 원용할 수 있다. 학교에 공유공간 개념을 적용할 때 물리적 공간이 분절되지 않도록 설계하는 것도 필요하지만, 시간의 측면도 마찬가지다. 분절된 과목과 종소리에 따라 획일적으로 시간을 운용하는 것은 몰입을 방해하고 자발적인 학습을 방해한다. 학생들을 학년별로 나누어 수업을 하는 것도 달리 생각해볼 문제다. 학년을 나누고, 학습 능력에 차이가 난다고 한 학년 안에서 또 우열반으로 나누는 것은 사실상 반교육적인 발상이다.(이는 마치 교통 흐름이 나쁘다고 도로에 신호등과 표지판을 추가하는 것과 비슷하다.)

통합의 원리는 학교 안에서의 시공간 통합을 넘어 학교 안팎을 통합하는 방향으로 나아가야 한다. 학교와 지역사회를 넘나들며 배울 수 있도록 교육과정을 유연하게 설계할 필요가 있다. 이는 학생들의 배움을 위해서도 필요하고, 지역사회의 활기를 위해서도 필요한 일이다. 교육이 교사의 전문 분야라는 고정관념은 깨어져야 한다. 산나물 할머니도, 동네 목공소 아저씨도 얼마든지 교사가 될 수 있다.(이미 그렇게 하고 있는 학교들도 있다.)

학교 담장을 허물어 학교 안팎을 하나의 공간으로 만드는 것도 상징적인 의미를 넘어서 학교와 지역사회의 관계를 바꾸는 데 도움이 될 수 있다. 오스트리아의 작은 마을 글라인슈테덴의 한 학교는 담장을 허물어 운동장과 도로를 한 공간으로 만들자 운전자들이 신호와 제한속도만 지키면서 운전할 때보다 더 조심하게 되어 사고가 오히려 줄어들었다고 한다.

분리와 규제가 아닌 통합과 자율의 원칙은 사실 학생보다 교사들에게 더 필요하다. 과목별로 나뉘어 지침서대로 움직이는 것이 아니라 자신이 만나는 아이들을 바라보면서 그 아이들에게 필요한 교육을 할 수 있는 자율성이야말로 교육의 본질 회복을 위해 무엇보다 절실하다. 위계질서에 묶여 시키는 대로 움직이는 교사가 자율적인 민주시민을 길러내기를 기대할 수는 없는 노릇이다. 교사운동은 자율성 회복운동이 되어야 마땅하다. 교권은 아이들을 대상으로 주장할 것이 아니라 교사의 자율성을 억압하는 학교 시스템과 교육당국을 향해서 주장해야 한다. 체벌을 할 수 있게 된다고 교권이 살아날 리 만무하다. 교사들의 자율성이 살아나면 자연스럽게 교권이 서고 아이들은 저절로 교사를 존중하게 될 것이다.

자율과 신뢰에 기초한 교육

시시콜콜한 규칙들과 명령에 따라 처신하기만 하면 아무런 문제가 없는 환경은 아이들의 성장에 도움이 되기보다 오히려 해가 된다. 스스로 판단해서 자기 입장을 정하고 길을 찾는 경험을 자라나는 아이들에게 허용해야 한다. 민주시민교육의 핵심도 여기 있을 것이다.

신호등 안 지키기를 일상에서 훈련할 필요가 있다는 예일대 교수 제임스 스콧의 파격적인 주장도 이와 맥이 통한다. "언젠가 정의의 이름으로 중요한 법을 어기라는 요청을 받게 될 때"를 대비해 "아나키스트식 유연체조"를 하자는 그의 주장은 일견 위험해 보이지만 깊이 새겨볼 말이다. 하지만 교육의 관점에서 공동체 법규를 위반하는 훈련을 날마다 하는 것도 어떤 면에서는 위험한 일이다. 법규를 위반하지 않으면서 그때그때 스스로 판단하고 행동하는 훈련을 할 수 있는 공유공간 도로를 만드는 것이 더 바람직할 것이다.

학교 또한 일상에서 그렇게 자율을 훈련하는 곳이 되어야 마땅하다. 공유공간처럼 잔소리 없는 학교를 상상하기란 쉽지 않다. 하지만 그런 학교들이 실제로 존재한다. 많은 대안학교들은 이와 유사한 교육철학에 기초하여 운영되고 있는데, 교육공간의 운영방식에서는 좀더 열린 상상력이 필요하다.

메트스쿨의 공간과 교육과정을 설계한 빅픽처러닝$^{Big Picture}$ ^{Learning}은 애플 전시판매장에서 새로운 교육공간에 대한 영감을 얻었다고 한다. 사람들이 자유롭게 기기들을 살펴볼 수 있게 배려하는 애플 매장은 지나가다 들린 사람, 얌체처럼 기기를 이용하러 들린 사람도 가리지 않고 고객으로 배려한다. 도움을 청하면 친절하게 도와줄 따름이다. 마치 도서관이 그렇듯이 찾아오는 모든 이들을 존중하는 분위기다. 단순히 상품을 하나 더 팔기 위한 전략이 아니라 평생학습을 위한 기업의 사회적 기여에 대한 나름의 철학에 기초하고 있다.

도서관과 애플 전시판매장의 분위기는 비슷한 점이 많다. 한마디로 표현하면 둘 다 교육이 아닌 배움을 위한 공간이다. 도서관이 학교와 어떻게 다른지에 대한 존 테일러 개토의 통찰력 번득이는 말은 교육공간에 대해 새로운 관점을 제공한다.

(⋯) 도서관에는 나이에 따라 격리된 아이들이 아니라 모든 연령층의 사람들이 함께 있습니다. 어떤 이유에선지 도서관은 독자들을 나이나 독서능력이라는 수상쩍은 기준으로 나누지 않습니다. 숲과 바다의 비

밀을 알아낸 사람들이 나이나 시험점수로 격리 수용되는 일이 없는 것 처럼 도서관은 보통 사람들의 판단력이면 대부분의 배움에 적합하다는 것을 직관으로 알았던 것 같습니다.

(…) 사서는 무엇을 읽어라, 어떤 순서로 읽어라 하지 않고, 또 사람들 의 독서에 점수를 매기지도 않습니다. 사서들은 그들의 고객을 신뢰하 는 듯 보입니다. 사서는 사람들이 자신의 질문을 하도록 허용하고 사람 들이 필요로 할 때 도와주지, 도서관이 필요하다고 결정한 때에 도와주 지 않습니다.

(…) 도서관과 학교의 가장 주목할 만한 차이점은 도서관에서는 나쁜 행동을 하거나 총을 휘두르는 아이를 볼 수 없다는 점입니다. 나쁜 아 이들도 얼마든지 도서관에 들어갈 수 있는데 말입니다. 나쁜 아이들도 도서관을 존중하는 것 같습니다. 이 흥미로운 현상은 도서관이 모든 사 람들에게 차별 없이 보여주는 존경심에 대한 무의식에 따른 반응일지 모릅니다.(『학교의 배신』 70쪽)

잔소리하지 않기, 신뢰하기, 가르치려 들지 않고 배울 수 있게 배려하기. 개토는 도서관이 갖고 있는 이런 원리 속에 진짜 교육 의 비밀이 숨어 있다고 말한다. "바보로 취급하면 바보처럼 행동 한다"는 말은 누구보다 교사들이 명심해야 할 말이다. 근대학교 는 아이들을 바보로 취급하면서 결국 바보로 (성공적으로) 길러내 고 있다고 말해도 그리 틀리지 않을 것이다. 학교는 스스로 생각하고 자율적으로 행동하는 힘을 길러주지 않는다. 애초부터 그럴 의도로 학교가 만들어진 것이 아니라는 사실을 개토는 적나라하게 까발린다.

"이웃을 믿어라. 그러면 이웃은 나를 믿을 것이다. 이웃을 거룩하다고 여겨라. 그러면 이웃은 거룩함을 보여줄 것이다." 랠프 에머슨의 이 말은 정신세계의 작용 반작용 법칙이라 할 수 있다. 이는 교육 현장에서 무엇보다 명심해야 할 말일 것이다. 아이들을 존중하는 교사는 그 반작용으로 아이들의 사랑과 존경을 받기 마련이다. 교사가 아이들을 존중하기를 바란다면 교장이나 부모들이 교사를 존중해야 한다. 교장이 교사와 학생들에게 진정으로 존경받는 길도 여기 있을 것이다. 우리 교육의 많은 문제는 이 신뢰와 존중의 고리가 끊어져 있는 데서 비롯된다. 이 고리를 잇는 작업은 어디서부터 시작될 수 있을까?

협력과 공생을 위한 교육

문제의 뿌리는 근대 학교교육 시스템이 교사를 존중하는 기초 위에 세워지지 않았다는 데 있다. 근대학교의 교사는 국가 교육 행정체제의 일원으로 아이들을 관리하기 위해 고용된 사람들이다. 교사들에게 자율성을 보장하는 일이야말로 교육의 변화를 위한 기초다. 훌륭한 교장은 그런 역할을 한다. 바람막이가 되어주고 교사들의 사기를 북돋운다. 그런 교장을 만나기가 힘든 만큼 교사들끼리 서로를 도울 필요가 있다. 하늘은 스스로 돕는 자를 돕는다는 말이 있지만, 현실에서 더 쉽게 확인되는 사실은 '하늘은 서로를 돕는 자를 돕는다'는 것이다. 신의 손길은 이웃과 동료들을 통해 내게 다가온다. 교육의 변화를 위해, 더 가깝게는 자기 자신을 위해 서로를 도울 일이다. 나무들이 서로 몸을 기대어 태풍도 이겨내듯이 서로를 지지하고 붙들어줄 수 있어야 한다.

협력을 잘하는 집단의 생존가능성이 더 높은 것이 자연계의 법칙이기도 하다. 경쟁을 부추기는 것은 기득권 집단의 통제 전략이지 경쟁을 해야 하는 당사자들을 위한 것이 결코 아니다. 자연계든 인간계든 경쟁보다 협력이 더 일반적인 양상이라는 사실이 많은 학자들의 연구로 밝혀지고 있다. 생존경쟁이 피할 수 없는 상황이라 해도 지나친 경쟁은 공멸로 이어진다. 적절한 경쟁과 협력이 공생과 번영의 필요조건이다. 무한경쟁을 부추기는 신자유주의 경제와 이에 편승하는 교육 시스템은 사회의 분열과 지구적 재앙을 낳을 따름이다.

경쟁을 부추기는 학습과 시험을 거부하고, 협력해서 문제를 푸는 학습 방식과 공정한 평가 방식을 도입해야 한다. 주어진 문제를 혼자서 푸는 방식, 주어진 시간 안에 문제를 더 빨리 푸는 사람에게 유리한 방식의 시험은 역량을 키우는 길도 아니고 공정한 평가 방식도 아니다. 평가에 대한 전면적인 재고가 필요하다. 속도가 느린 학생들에게는 시간이 더 주어져야 한다. 이것이 공정한 교육이다. 세상이 머리 회전 빠른 사람에게만 유리해서는 안 된다.

　미국에서 시도되고 있는 차세대 평가는 느린 학습자들에게 더 많은 시간을 주는 시험시간의 원칙을 채택하고 있다. 선발을 위한 평가가 아니라 학습을 위한 평가에 기초하고 있기 때문이다. 창의적 문제해결 능력, 비판적 사고 능력, 협업 능력 같은 역량을 기르기 위한 학습과 평가 방식을 도입한 것이다. 진정으로 학생들이 실력을 키우기를 바란다면 오픈북 시험 방식을 채택하고, 시험 시간도 유연하게 배정하고, 모둠이 협력해서 문제를 푸는 훈련을 할 수 있게 해야 한다. 현실에서도 그렇게 문제를 풀어가야 하는 경우가 대부분이기 때문이다.

　획기적인 발상의 전환이 필요하다. 그런 변화를 앞당기기 위해 일제고사를 거부했듯이 줄 세우기 시험을 적극적으로 보이콧할 수도 있다. 작은 반란들이 모이면 시스템에 균열이 일어난다. 경쟁을 부추기는 학습과 평가의 폐해를 자각하고 자율과 협력에 기초한 학습과 평가 방식을 만들어가는 것이 교육개혁의 방향이 되어야 한다. 그럴 때 진정한 경쟁력도 생겨날 수 있다. 남을 딛고 올라서는 것이 아니라 서로를 도우면서 공동선을 이루는 과정에서 저마다 최선을 다하는 문화, 서로를 신뢰하고 자율성을 인정하는 문화가 건강한 사회를 만든다. 그런 사회는 위기에도 강하기 마련이다. 타율과 경쟁에 기초한 사회를 만들 것인지 자율과 협력에 기초한 사회를 만들 것인지는 그 사회구성원들의 자각과 결단에 달려 있다.

개인에게는 사회에 적응하는 힘도 필요하지만 사회를 변혁하는 힘도 필요하다. 교육은 세상을 바로 보는 눈을 길러주면서 동시에 삐딱하게 볼 줄 아는 힘도 길러줄 수 있어야 한다. 바로 보는 눈과 삐딱하게 보는 눈이 서로 보완작용을 할 때 세상의 진면목을 볼 수 있게 되고, 세상을 좀더 살 만한 곳으로 바꿀 힘도 생겨난다. 불필요한 신호등 같은 교칙들을 없애고, 줄 세우기 시험을 거부하고, 경쟁보다 협력의 경험을 북돋우는 작은 실천들을 해나가는 일이 곧 새로운 사회를 앞당기는 일이 될 것이다.

(vol 98. 2015. 3-4)

스스로 서서 서로를 살리는 교육으로 가는
길가에 핀 '민들레'를 만나보세요.

정기구독 신청

교육=학교교육이라는 통념을 깨고

삶이 곧 배움이 되는 새로운
교육문화를 만들어갑니다.
가르침과 배움의 경계를 허물고
함께 배우고 성장하고자 하는
이들이 손을 잡을 수 있게 돕습니다.
자기가 선 곳에서 교육을 바꾸어가는
부모와 교사, 학생들이
전국 70여 군데에서 활발히
독자모임을 이어가고 있습니다.

교사라는 울타리를 넘어

격월간 『민들레』는 '교사의 시선'에
머물러 있던 저에게 부모와 육아,
대안학교와 청년들의 문제까지
넘나들며 여러 사람들의 관점을
연결해주었습니다. 그리고
희망이라곤 찾을 수 없었던
'교육' 속에 생기를 불어넣으며
새로운 싹을 틔우는
사람들 소식을 전해주었습니다.
우리는 누군가에게 닿아야 살아갈 수
있습니다. 삶의 기척을 알아채고
서로에게 기대면서 말이지요. 저는
그 벗으로 『민들레』를 선택했습니다.

_ 전 초등학교 교사 양영희

민들레   02) 322-1603 | www.mindle.org
mindle1603@gmail.com